Guide pratique SAP® : Contrôle des coûts par produit (CO-PC)

Dominique Laurent

Merci d'avoir acheté ce livre d'Espresso Tutorials !

Telle une tasse de café, un expresso bien sûr, les livres sur SAP d'Espresso Tutorials sont concentrés et agissent sur la performance. Nous comprenons que le temps vous est compté et mettons ainsi à votre disposition, avec concision et simplicité, ce qu'il vous faut savoir. Nos lecteurs n'ont besoin que de peu de temps pour absorber les concepts de SAP. Nos livres sont reconnus par nos pairs pour leur pédagogie de type tutoriel et leurs vidéos démontrant pas à pas comment bien manier SAP.

Suivez notre chaine YouTube et regardez nos vidéos à :

https://www.youtube.com/user/EspressoTutorials.

Sélection d'ouvrages similaires d'Espresso Tutorials :

▶ Sydnie McConnell, Martin Munzel : Vos premiers pas avec SAP®
  http://5184.espresso-tutorials.com
▶ Ann Cacciottoli : Vos premiers pas avec SAP® Finance (FI)
  http://5185.espresso-tutorials.com
▶ Ashish Sampat : Vos premiers pas avec SAP® Contrôle de gestion (CO)
  http://5186.espresso-tutorials.com

Dominique Laurent :
Guide pratique SAP® : Contrôle des coûts par produit (CO-PC)

ISBN :   978-1-974574-79-7

Traduction :   ProLinguo

Correction :   Sylvie Pons

Couverture :   Philip Esch

Photo de couverture :   fotolia # 50356573 © INFINITY

Conception graphique :   Johann-Christian Hanke

Commentaires
Nous vous serions reconnaissants de nous adresser vos commentaires sur ce livre. Merci de nous écrire à : *info@espresso-tutorials.com*.

Table des matières

Préface / Avant-propos		**7**
1	**Notions de base indispensables**	**11**
1.1	Calcul du coût de revient (CCR)	11
1.2	Valorisation des inventaires	11
1.3	Analyse des écarts de fabrication	13
2	**Éléments du CCR**	**15**
2.1	Fiche article MM03	15
2.2	Nomenclature des articles CS03	35
2.3	Gamme de fabrication CA03	41
2.4	Poste de travail CR03	45
2.5	Coût des activités KP26	50
2.6	Coût additionnel des frais généraux	50
2.7	Autres coûts additionnels	55
2.8	Fiche infos-achats ME13	57
3	**Composition du CCR**	**61**
3.1	Article fabriqué	61
3.2	Article sous-traité	71
3.3	Article en provenance d'une autre division	74
3.4	Article acheté à un fournisseur externe	81
4	**Transactions pour le CCR**	**85**
4.1	Étapes de validation du coût de revient	85
4.2	Transaction CK11N	93
4.3	Transaction CK24	101
4.4	Transaction CK40N	104
4.5	Protocole d'erreurs	115

5 Écarts de fabrication **121**

5.1 Explication des écarts de fabrication 121

5.2 Écritures comptables 129

6 Paramétrage du CCR **137**

6.1 Options de base 137

6.2 Variante de CCR 147

7 Exemple de paramétrage **169**

7.1 Première consigne 169

7.2 Deuxième consigne 188

A À propos de l'auteur **192**

B Index **193**

C Clause de non-responsabilité **198**

Préface

Contrôle des coûts par produit

Le prix de revient d'un article est la somme de l'ensemble des coûts qui ont été engendrés pour sa fabrication ou son acquisition. Il sert de base à la valorisation de l'inventaire et à la détermination du prix de vente de l'article. Il ne s'agit pas du seul élément à prendre en compte pour déterminer le prix de vente, mais il n'en est pas moins négligeable. Même si bien souvent le prix de vente est dicté par le marché, le prix de revient permet de calculer la marge bénéficiaire effectuée lors de la vente de l'article.

Les coûts composant le coût de revient d'un article varient :

▶ **D'une société à une autre, d'un business à un autre** : certaines organisations voudront inclure dans leur coût de revient la dépréciation de l'outil productif alors que d'autres l'excluront. Il en est de même pour certains frais indirects qui seront soit exclus, soit inclus.

▶ **D'un type de produit à un autre** : le même produit qu'il soit fabriqué sur place, sous-traité ou acheté à l'extérieur aura un coût de revient différent. Le coût de revient de l'article fabriqué dépendra principalement des coûts directs et indirects de fabrication alors que le coût de revient du produit acheté dépendra principalement du prix d'achat.

Objectif de ce livre

Ce livre s'attache à expliquer d'une façon claire et précise la manière dont SAP calcule le coût de revient des articles dans un environnement de fabrication.

Afin de présenter les différentes options qu'offre le système, nous commencerons par une explication très fonctionnelle pour finir par le paramétrage. L'objectif étant de fournir :

▶ **À un utilisateur fonctionnel** toutes les informations techniques dont il peut avoir besoin pour comprendre comment est composé le coût de revient d'un article. Grâce aux explications fournies sur le paramétrage, il pourra également renforcer sa compréhension du système et, par là même, être en position de demander des modifications ou des améliorations de paramétrage dont il ignorait auparavant l'existence.

▶ **À un utilisateur plus technique** qui connaît déjà le paramétrage de ce module, mais aura l'occasion de comprendre la partie fonctionnelle qu'il n'avait pas encore abordée.

▶ **Enfin, à toute personne** désireuse d'acquérir des connaissances aussi bien techniques que fonctionnelles.

Certains points ne seront pas expliqués en détail dans ce livre. En effet, le sujet étant tellement vaste, il faudrait plusieurs ouvrages pour tout couvrir intégralement. Nous nous concentrerons sur les points les plus importants en fonction de ma propre expérience du système SAP. Les fonctionnalités et le paramétrage de l'option « LEDGER ARTICLE » ne seront ainsi pas traités dans ce livre.

Par choix, le calcul de chaque exemple est documenté afin que le lecteur les effectue lui-même et s'assure ainsi d'avoir bien compris le concept.

Ce livre est scindé en chapitres suivant une progression logique.

▶ Le premier chapitre couvre les notions de base indispensables pour appréhender la logique du système.

▶ Le deuxième chapitre couvre les différents éléments entrant dans la composition du CCR. À partir de ce chapitre, nous entrons véritablement dans le vif du sujet. Ces données ne relèvent bien souvent pas de la responsabilité des équipes chargées de la détermination des coûts de revient, mais il leur est indispensable d'en comprendre l'impact et même de vérifier l'exactitude de ces données.

▶ Le troisième chapitre explique en détail la composition d'un coût de revient par grande famille d'articles. Il est entendu que la composition des coûts d'un produit peut varier d'une société à une autre suivant les besoins de celle-ci.

▶ Le quatrième chapitre présente les transactions de base à notre disposition pour pouvoir effectuer les calculs de coût de revient. Les diverses méthodes que j'utilise pour analyser les messages d'erreur générés par le système sont exposées dans ce chapitre. En effet, j'appartiens à une société qui comporte un grand nombre d'articles à valoriser (850 000). Il m'a donc fallu mettre en place une méthode de travail efficace pour pouvoir analyser rapidement un grand nombre de messages d'erreurs.

▶ Le cinquième chapitre démontre la manière dont le système nous permet d'analyser les écarts de fabrication ainsi que la logique comptable suivie par celui-ci. Il est primordial de bien assimiler ce chapitre afin de mieux comprendre le système.

▶ Le sixième chapitre est le plus technique puisqu'il présente la configuration du système. Les options de paramétrage à notre disposition n'ont pas pu être toutes détaillées ici, il a fallu se concentrer sur les éléments essentiels à connaître pour bien appréhender toutes les possibilités à notre disposition. Certaines fonctionnalités n'y sont donc volontairement pas illustrées, notamment le paramétrage de l'envoi de messages d'erreur qui ne me semble ni primordial ni très utile.

▶ Le septième chapitre propose deux scénarios de tests imaginaires. On acquiert des connaissances au travers de livres, de cours ou de formations. Il est cependant indispensable de s'entrainer pour consolider ses connaissances, ce qui est particulièrement vrai avec SAP. Lorsque vous aurez lu ce livre, je vous conseille vivement d'utiliser un environnement de test et de vous entrainer à partir de scénarios imaginaires.

Nous avons ajouté quelques icônes pour vous permettre d'identifier les informations importantes. En voici quelques-unes :

Conseil

 Dans la rubrique des conseils, certaines informations sont mises en évidence, notamment des détails importants sur le sujet décrit et/ ou d'autres informations de caractère général.

Exemple

 Les exemples permettent de mieux illustrer un certain point en le reliant à des situations réelles.

Mise en garde

 Les mises en garde attirent l'attention sur des informations dont il vous faut tenir compte lorsque vous lisez les exemples proposés dans cet ouvrage en autonomie.

Dernièrement, une remarque concernant les droits d'auteur : toute capture d'écran publiée dans ce livre est la propriété de SAP SE. Tous les droits sont réservés par SAP SE. Les droits d'auteur s'étendent à toute image SAP dans cette publication. Dans un but de simplification, nous ne mentionnerons pas spécifiquement ces droits sous chaque capture d'écran.

1   Notions de base indispensables

Dans ce premier chapitre, nous aborderons des notions de base essentielles, à mon sens, pour pouvoir appréhender la suite de ce livre. Chaque élément sera par la suite expliqué en détail.

1.1   Calcul du coût de revient (CCR)

Le système calcule le coût de revient des articles en se servant des données de différentes sources et en les additionnant. Suivant les types d'articles, les données intervenant dans la composition du coût de revient varieront.

Le coût de l'article manufacturé se composera principalement du coût de la nomenclature des produits, de la gamme de fabrication valorisée et du coût additionnel des frais généraux.

Le coût de l'article sous-traité comprendra principalement le coût de la nomenclature des produits et le coût de la sous-traitance.

Le coût du produit en provenance d'une autre division se composera principalement du coût du produit dans la division d'origine auquel s'ajoutera le coût du transport.

Le coût de l'article acheté à l'extérieur comprendra principalement le prix d'achat de l'article auquel s'ajoutera le coût du transport.

1.2   Valorisation des inventaires

Trois méthodes de valorisation des inventaires sont à notre disposition.

Le prix standard : il s'agit du prix standard calculé par SAP correspondant au coût de revient de l'article.

Le prix moyen pondéré : avec cette méthode, le prix unitaire de l'article est recalculé par le système en fonction des entrées de marchandises et des entrées de factures fournisseur générées suite aux commandes standard effectuées dans le système.

Valorisation de stock avec la méthode du prix moyen pondéré

	Quantités	Prix Unitaire	Val. de l'inventaire
	50 kg	2,56 €	128 €
Entrée en stock	20 kg	2 €	40 €
	70 kg	2,4 €	168 €
Sortie de stock	-10 kg	2,4 €	- 24 €
	60 kg	2,4 €	144 €
Comptabilisation de la facture			10 €
	60 kg	2,57 €	154 €

Tableau 1.1 : Valorisation de stock

1. L'exemple commence avec 50 kg en stock pour un prix unitaire de 2,56 € et une valeur d'inventaire de 128 €.

2. L'article reçoit en stock 20 kg. Le prix unitaire de la commande est de 2 €, ce qui représente une augmentation de la valeur d'inventaire de 40 €.

3. Le stock est maintenant de 70 kg et la valeur d'inventaire de 168 € (128 € + 40 €).
   Le prix unitaire moyen pondéré est calculé de cette façon : 168 € / 70 kg = 2,4 €.

4. Une sortie de stock est effectuée pour 10 kg. Cela peut être pour un besoin de production ou une vente à un client. Le système utilise le prix unitaire moyen pondéré précédemment calculé à 2,4 €, ce qui fait une sortie de stock à 10 kg × 2,4 € = 24 €.

5. La facture est maintenant comptabilisée pour la précédente entrée en stock de 20 kg. Le prix estimé de l'achat était de 2 € par kg, mais le fournisseur nous facture cet article à 2,5 € le kg.

Le système va alors réajuster la valeur d'inventaire en effectuant le calcul suivant :

```
Quantités reçues = 20 kg × 2,0 €   = 40 €
Facture reçue    = 20 kg × 2,5 €   = 50 €
---------------------------------------------
Réévaluation     = 50 € - 40 €     = 10 €
```

Le système augmente la valeur d'inventaire de 10 € et ajuste le prix unitaire moyen par effet mécanique.

```
Nouvelle valeur d'inventaire    = 144 € + 10 € = 154  €
Nouveau prix unit. moy. pondéré = 154 € / 60 kg = 2,57 €
```

Le prix de cession périodique

Cette option est disponible seulement si le « ledger articles » a été activé. Cet indicateur et le code de la détermination du prix de l'article permettent de définir le prix utilisé pour la valorisation de chaque article constituant l'inventaire.

1.3   Analyse des écarts de fabrication

Le système permet une analyse très détaillée des coûts de fabrication et de ses variances par rapport au budget. Cette analyse peut être réalisée à un niveau très fin puisqu'elle peut être effectuée au niveau de chaque ordre de fabrication, puis au niveau de chaque type de coût.

2 Éléments du CCR

Dans ce chapitre, nous passerons en revue et expliquerons en détail les différents éléments qui composent ou influencent le coût de revient des articles.

2.1 Fiche article MM03

Dans ce chapitre, nous explorerons la *fiche article*, c'est à dire l'endroit où sont stockées toutes les informations relatives à un article, illustré Figure 2.1. Comme différents services d'une même société utilisent le même article, la fiche article est structurée sous forme d'onglet de façon à ce que les données utiles à un service déterminé (achat, vente, fabrication, etc.) soient regroupées et facilement accessibles.

Analyse de la fiche article

 Nous n'explorerons pas en détail toutes les informations contenues dans la fiche article, nous nous concentrerons plutôt sur les onglets et les zones qu'il est nécessaire de comprendre, en lien direct ou indirect avec la valorisation de l'inventaire, la formation du coût de revient et l'analyse des écarts de fabrication.

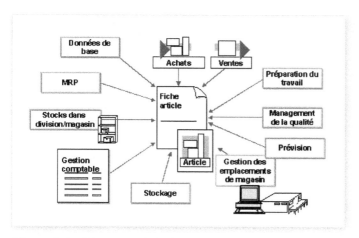

Figure 2.1 : Structure de la fiche article

2.1.1 Notions de base à connaître sur la fiche article

Le *numéro d'article* est unique pour un même article, quelle que soit la *division* où il est fabriqué ou stocké. Par division, il faut entendre généralement une adresse physique (une usine de fabrication ou un entrepôt de stockage notamment).

Le numéro d'article peut être attribué soit en externe, soit en interne.

▶ Attribution externe : l'utilisateur choisit le numéro lors de la création de l'article.

▶ Attribution interne : le système détermine lui-même le numéro lors de la création de l'article.

Regroupement par types d'articles

 Un type d'article regroupe des articles présentant des caractéristiques de base identiques. On peut ainsi gérer différents articles de manière uniforme en fonction des besoins de l'entreprise.

Pour un même article, la structure de la fiche article permet de déterminer un coût de revient différent par division, comme illustré Figure 2.2.

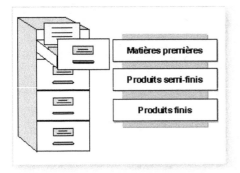

Figure 2.2 : Classification des articles

Voyons maintenant les informations contenues dans la fiche article.

Les unités de mesure supplémentaire

On accède à cette table à l'intérieur de la fiche article en sélectionnant le bouton ⚄ ⇐ Données principales .

On sélectionne ensuite l'onglet UNITÉS DE QUANTITÉ (voir Figure 2.3).

Figure 2.3 : Unités de quantité

Le système gère différentes unités de mesure. De ce fait, il lui faut stocker la conversion entre ces différentes unités pour un même article. Cela s'effectue en indiquant dans la table des unités de quantité la conversion entre les différentes unités et l'unité de base qui sert à valoriser l'inventaire (voir Figure 2.3). L'unité de base se situe dans la colonne ❶ UQ correspondant au rouleau et les unités alternatives sont représentées dans la colonne ❷ UQA.

17

2.1.2 Onglet MRP 2

Figure 2.4: Onglet MRP 2 – Type approvisionnement

Type approvisionnement – MRP2 – MARC-BESKZ

Comme vous pouvez le voir Figure 2.4, la zone ❶ permet de détermi-ner comment l'article est approvisionné. Les *types d'approvisionnement* suivants sont autorisés :

▶ E : l'article est fabriqué en interne.

▶ F : l'article est acheté auprès d'un fournisseur.

▶ X : l'article peut être soit fabriqué en interne, soit acheté à un fournisseur.

Le type d'approvisionnement

Il est possible de changer le type d'approvisionnement dans la fiche article, mais, celui-ci est en général défini par le type d'article sélectionné.

Approvisionnement spécial – MRP 2 – MARC-SOBSL

Toujours sur la Figure 2.4, la zone ❷ permet de déterminer avec plus de précision le type d'approvisionnement.

Les codes d'approvisionnement

 De nouveaux codes peuvent être paramétrés suivant les besoins (transaction OMD9).

Le paramétrage standard du système nous propose un certain nombre de codes pré-paramétrés comme les suivants :

▶ 10 : pour les articles en consignation client ou fournisseur ;

▶ 30 : pour les articles sous traités.

Remarque : il est possible de paramétrer une division comme étant une source d'approvisionnement. Une division peut correspondre à un autre site de fabrication ou à un entrepôt de stockage.

À l'aide du paramétrage, nous indiquons au système que la Division ❶ 0001 s'approvisionne dans la Division ❷ 2021, tel qu'il est illustré Figure 2.5.

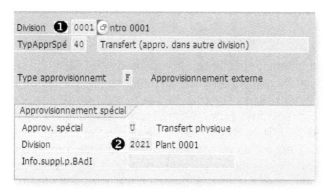

Figure 2.5 : Paramétrage type d'approvisionnement

Type d'approvisionnement E

 Il est important de comprendre le fonctionnement du système lorsque le type d'approvisionnement est E, indiquant que l'article est fabriqué en interne.

19

Lorsque pour un article le type d'approvisionnement est E et que le code d'approvisionnement spécial :

► Indique la division dans laquelle elle se procure l'article et que celui-ci comporte une nomenclature mais pas de gamme de fabrication valable dans le système, la nomenclature sera ainsi ignorée lors du calcul du coût de revient de l'article.

► N'a pas de code et que l'article n'a ni nomenclature ni gamme de fabrication, le système calculera le coût de revient de cet article comme étant acheté en externe.

► N'a pas de gamme de fabrication mais a une nomenclature, le système calculera le coût de revient de cet article en incluant les coûts générés par la nomenclature des articles uniquement.

Les codes d'approvisionnement

 Il est important de bien comprendre comment le système utilise les codes d'approvisionnement.

Le code d'approvisionnement spécial se situe dans l'onglet MRP 2 (voir Figure 2.4, zone ❷). Cela signifie qu'il sert en priorité à planifier la fabrication. Cependant, il sera utilisé dans le calcul du coût de revient de l'article si aucune autre source d'approvisionnement n'est indiquée dans la zone APPROV. SPÉCIAL CCR `MARC-SOBSK` dans l'onglet CCR1 (voir Figure 2.8, zone ❺). Ceci est dû au fait que, lorsque le système calcule le coût de revient de l'article, celui-ci utilise en priorité la donnée contenue dans la zone `MARC-SOBSK`. Dans le cas où cette zone est vide, le système utilisera alors l'information contenue dans la zone `MARC-SOBSL`, c'est à dire en principe une donnée de planification.

Prélèvement rétroac. – MRP 2 – MARC-RGEKZ

Comme vous pouvez le voir Figure 2.4, la zone ❸ de prélèvement rétroactif sert à indiquer au système le mode de consommation des composants lors de la fabrication.

Lors d'un ordre de fabrication, nous disposons de deux méthodes pour y allouer les quantités consommées :

▶ Le procédé de fabrication permet de connaitre précisément les quantités consommées : dans ce cas, on indique au système la quantité réellement utilisée en effectuant une sortie de stock à destination de l'ordre de fabrication.

▶ Le procédé de fabrication ne permet pas de connaître précisément les quantités consommées : dans ce cas, on indique au système la quantité budgétée correspondant à celle utilisée lors du calcul du coût de revient de l'article.

Co-produits – MRP2 – KZKUP

Des articles manufacturés ensemble peuvent généralement être fabriqués en utilisant le même ordre de fabrication.

Si l'indicateur est activé dans la zone ❹ illustrée Figure 2.4, le produit principal est utilisé dans l'en-tête de l'ordre de fabrication et un second ordre de fabrication est créé pour le second article.

Marchandises en vrac – MRP2 – MARC-SCHGT

Lorsque l'on active cet indicateur dans la zone ❺ montrée Figure 2.4, on signale au système que cet article ne sera pas pris en considération pour la planification et le calcul du coût de revient des articles qui l'incluent dans leur nomenclature. Ceci est dû au fait que ce sont généralement des articles gérés *en vrac*, c'est-à-dire disponibles immédiatement au poste de travail (rondelles, lubrifiants, etc.). Il s'agit généralement d'articles à faible coût.

Il est possible d'indiquer que cet article est considéré comme étant en vrac sur deux niveaux :

▶ Dans la fiche article (voir Figure 2.4, zone ❺) : dans ce cas, on considère que, quel que soit l'article fabriqué, celui-ci ne fera pas partie de la planification et ne sera pas compris dans le coût de revient de l'article fabriqué. Il est à noter qu'il fera toutefois partie de la nomenclature de l'article. Le système est paramétré de telle sorte que le fait d'activer ce champ dans la fiche article activera le champ similaire MARCHANDISE EN VRAC (voir Chapitre

2.2.3, Figure 2.15, zone ❶) dans toutes les nomenclatures de produit qui contiendront cet article. Il est également à noter que l'activation de ce champ dans la fiche article n'a pas d'effet rétroactif dans le champ de la nomenclature de l'article.

▶ Lorsque cet article sera considéré comme étant une marchandise en vrac dans certaines nomenclatures : il faudra alors activer cet indicateur March. vrac article (voir Chapitre 2.2.3, Figure 2.15, zone ❷) directement dans les nomenclatures concernées.

Nous parlerons plus en détail de la nomenclature des articles dans le Chapitre 2.2.

Impact sur le calcul du coût de revient

Comme cet article ne sera pas pris en compte lors du CCR de l'article fabriqué, il peut en résulter une sous-valorisation du coût de revient. Il est possible de contourner ce problème en augmentant les frais indirects des frais généraux pour y inclure le coût de cet article.

Utilisation de l'exit utilisateur

SAP propose une solution pour que ces articles en vrac soient compris dans le coût de revient. Il faut pour cela activer l'exit utilisateur EXIT_SAPLKKEX_001 [COPCP004]. VOIR SAP NOTE & KBAS 1642424 – CO Bulk material is not costed.

Les notes SAP

Les notes SAP sont des documents de support et d'assistance qui aident les utilisateurs à trouver des réponses aux problèmes techniques qu'ils rencontrent. Pourvu que l'on dispose d'un accès utilisateur et d'un mot de passe, tout un chacun peut avoir accès à cette documentation par le biais du site internet à l'adresse suivante :
https://support.sap.com/home.html

2.1.3 Onglet MRP 4

Code de version – MRP 4 – MARC-VERKZ

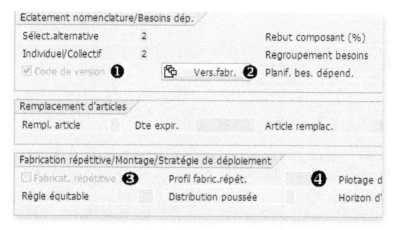

Figure 2.6 : Onglet MRP 4

Comme montré sur la Figure 2.6, la zone ❶ est activée lorsqu'au moins une *version* existe pour cet article. Par version, il faut entendre l'association d'une nomenclature et d'une gamme.

Les différentes versions

L'utilisateur peut accéder aux versions (voir Figure 2.7) en sélectionnant le bouton ❷ VERS.FABR. illustré Figure 2.6.

Par défaut, le système utilisera la première version pour valoriser l'article

Il est donc important, avant de valoriser l'article, de s'assurer que les versions sont correctement classifiées, la première version étant en principe toujours utilisée (voir Chapitre 6.2.14). Une mauvaise classification des versions aura également une incidence lors de l'analyse des variances de fabrication.

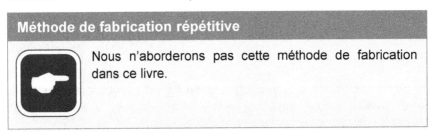

Figure 2.7 : Version de fabrication

Fabricat. répétitive – MRP4 – MARC-SAUFT

La zone ❸, présentée Figure 2.6, est activée lorsque la méthode de fabrication de l'article est dite répétitive.

Méthode de fabrication répétitive

Nous n'aborderons pas cette méthode de fabrication dans ce livre.

La *fabrication répétitive* est utilisée couramment lorsqu'un processus de fabrication satisfait aux critères suivants :

▶ Les mêmes produits ou des produits similaires sont fabriqués sur une longue période.

▶ Les marchandises produites ne le sont pas dans des lots définis individuellement. À l'inverse, une quantité totale est fabriquée sur une période donnée.

▶ Les marchandises produites suivent toujours la même séquence d'une machine et d'un poste de travail à l'autre dans la production.

▶ Les gammes sont plutôt simples et varient peu.

Profil fabric. répét. – MRP4 – MARC-SFEPR

Par défaut, SAP dispose de plusieurs profils lorsque l'on utilise la méthode de fabrication répétitive pour un article. Ce profil est indiqué dans la zone ❹ de la Figure 2.6. Il permet d'indiquer au système les caractéristiques de la fabrication.

2.1.4 Onglet CCR 1

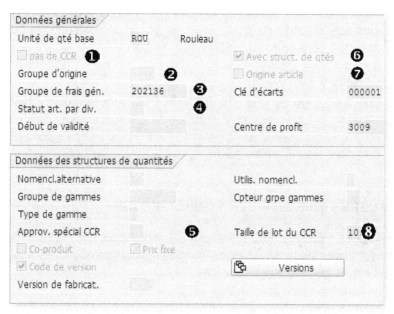

Figure 2.8 : Onglet CCR 1

Pas de CCR – CCR 1 – MARC-NCOST

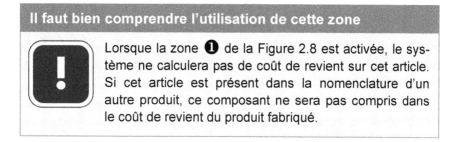

Il faut bien comprendre l'utilisation de cette zone

Lorsque la zone ❶ de la Figure 2.8 est activée, le système ne calculera pas de coût de revient sur cet article. Si cet article est présent dans la nomenclature d'un autre produit, ce composant ne sera pas compris dans le coût de revient du produit fabriqué.

25

Groupe d'origine – CCR 1 – MBEW-HRKFT

Un *groupe d'origine* (voir Figure 2.8, zone ❷) sert à fournir une classification plus fine des articles. Nous pourrons donc regrouper les articles d'une même origine ou possédant les mêmes caractéristiques. Lorsque les groupes d'origine auront été paramétrés comme indiqué au Chapitre 6.1.1, ils pourront être utilisés dans la fiche article.

Les options suivantes pour la valorisation des coûts seront ainsi disponibles :

▶ **Paramétrer des bases de calculs par groupe d'origine** pouvant être utilisées dans les schémas de calcul des coûts, le but étant de permettre au système de calculer des coûts additionnels de frais généraux spécifiques par groupe d'origine (voir Chapitre 6.1.3).

▶ **Lier les coûts de ces articles vers différents éléments** (voir Chapitre 6.2.8). Il est ainsi possible de différencier les coûts de revient par groupe d'articles dans la vue ÉLÉMENTS DE COÛTS DE L'ARTICLE (voir Chapitre 4.2.6).

Groupe de frais généraux – CCR 1 – MBEW-KOSGR

La zone ❸ illustrée Figure 2.8 est une clé regroupant les articles afin qu'ils soient traités de la même façon lors de l'application des coûts additionnels de frais généraux (voir Chapitre 3.1.3).

Statut article par division – CCR 1 – MARC-MMSTA

Comme vous pouvez le voir Figure 2.8, la zone ❹ indique si l'article en question peut être utilisé dans une division donnée et dans les domaines suivants :

▶ Gestion des articles (ex. : dans les Achats ou la Gestion des stocks)

▶ Planification et contrôle de la planification

▶ Management de la qualité

▶ Gestion des emplacements de magasin

▶ CCR avec structure de quantités.

Paramétrage des statuts article

Ces statuts sont paramétrables au sein de la transaction OMS4.

Il dépend à chaque organisation de définir les statuts dont elle a besoin.

Approv. spécial CCR – CCR 1 – MARC-SOBSK

L'utilisation de la zone ❺ d'approvisionnement (voir Figure 2.8) a été expliquée en détail aux Chapitre 2.1.2 et Paragraphe « Approvisionnement spécial – MRP 2 – MARC-SOBSL ».

Utilisation de la zone « Approvisionnement spécial »

À mon sens, cette zone devrait toujours être utilisée sauf si les sources d'approvisionnement par article sont clairement définies, ce qui n'est pas toujours le cas dans des structures complexes.

Société possédant 3 divisions

p.ex. Chaque division correspond à un site différent, éloigné géographiquement des deux autres sites. Dans ces trois divisions, deux sites peuvent fabriquer un article alors que le troisième est utilisé comme aire de stockage avant la vente. Les deux sites de fabrication ont des coûts de revient différents pour diverses raisons.

Dans l'onglet MRP 2 du site de stockage, pour des raisons d'approvisionnement, la donnée entrée indiquant que cet article provient de tel ou tel site de fabrication peut changer durant l'année pour être en phase avec la capacité de fabrication de chaque site à un instant T. La mise à jour de cette zone suivant la situation est tout à fait souhaitable pour être en phase avec les capacités de fabrication de chaque site. Cependant, dans une optique de contrôle de gestion, il

27

peut ne pas être souhaitable de changer la source d'approvisionnement d'un article suivant les besoins de la planification. On préfèrera toujours utiliser le même site de fabrication pour valoriser l'article stocké. Dans le cas où l'approvisionnement se fait à 70% via le premier site et à 30% via le deuxième site, on préfèrera toujours valoriser l'article comme s'il était toujours en provenance du premier site et accepter un écart d'achat lorsque l'on s'approvisionnera avec le deuxième. Il faudra donc entrer dans cette zone l'indicateur qui précisera au système que le premier site servira de source d'approvisionnement.

Calcul du coût de revient mixte

 Lors d'un approvisionnement en provenance de sources différentes, il est possible d'utiliser la méthode du coût de revient mixte. Nous n'aborderons pas cette méthode de valorisation dans ce livre.

On peut avoir recours au *calcul de coût de revient mixte* lorsque l'on utilise :

▶ différents processus de fabrication pour fabriquer un produit ;

▶ différentes sources pour approvisionner un article.

Le CCR de ces deux alternatives engendre des coûts de fabrication ou des prix d'achat différents. Dans un calcul du coût de revient mixte, il est possible de calculer un prix mixte.

L'avantage de cette méthode est qu'elle permet de déterminer un coût de revient moyen plus juste.

L'inconvénient est qu'elle engendre une démultiplication des coûts de revient par article (multipliés par 3 ou plus pour un même article).

Avec structure de quantités CCR – CCR 1 – MBEW-EKALR

La zone ❻ présentée Figure 2.8 détermine si le coût de revient de l'article est calculé avec ou sans *structure de quantités*.

Si cette zone est activée, cela indique que le coût de revient des articles manufacturés sera calculé en utilisant les nomenclatures et les gammes disponibles. Ce ne sera pas le cas si l'on ne sélectionne pas cette option.

Activation de cette zone

Cette zone ne sera prise en considération par le système que si la même zone n'a pas été activée au niveau du paramétrage (voir Chapitre 6.2.3).

Origine article – CCR 1 – MBEW-HKMAT

Activation de la zone « Origine article »

Il est important d'activer cette zone ❼ (voir Figure 2.8) si l'on veut pleinement utiliser les fonctions offertes par le système pour analyser les écarts de fabrication.

Comprendre les écarts de fabrication

Le Chapitre 5 est réservé à l'analyse des écarts de fabrication.

Taille du lot du CCR – CCR 1 – MARC-SOBSK

La zone ❽, illustrée Figure 2.8, est très importante lorsque l'on calcule le coût de revient d'un article fabriqué dont le temps de fabrication est fixe, quel que soit le nombre de pièces fabriquées.

Démonstration de l'impact de la « TAILLE DU LOT DU CCR » sur le CCR de l'article fabriqué

Scénario 1 :

```
Temps de fabrication fixe       = 30 minutes
Temps de fabr. par unité prod.  =  5 minutes
Coût de fabr. pour une heure    = 50 €
Ordre de fabr. prévu pour       =  1 unité
Temps de fabr. pour 1 unité     = 30 min + 5 min
                                = 35 minutes
Coût de fabr. pour 1 unité      = 50 € × (35 m. / 60 m.)
                                = 29,16 €
```

Scénario 2 :

```
Temps de fabrication fixe       = 30 minutes
Temps de fabr. / unité produite =  5 minutes
Coût de fabr. pour une heure    = 50 €
Ordre de fabr. prévu pour       = 20 unités
Temps de fabr.pour 20 unités    = 30 m. + (5 m. × 20
unit.)
                                = 130 minutes
Coût de fabr. pour 20 unités    = 50 € * (130 min / 60
                                  min) / 20 unités
                                =  5,41 €
```

Comme le démontre cet exemple, le choix de la taille du lot est primordial lorsqu'une partie de son procédé de fabrication est fixe, quelles que soient les quantités produites. Dans notre exemple, suivant la taille du lot, on fluctue entre un coût de revient à 29,16 € et un coût de revient à 5,41 €.

2.1.5 Onglet CCR 2

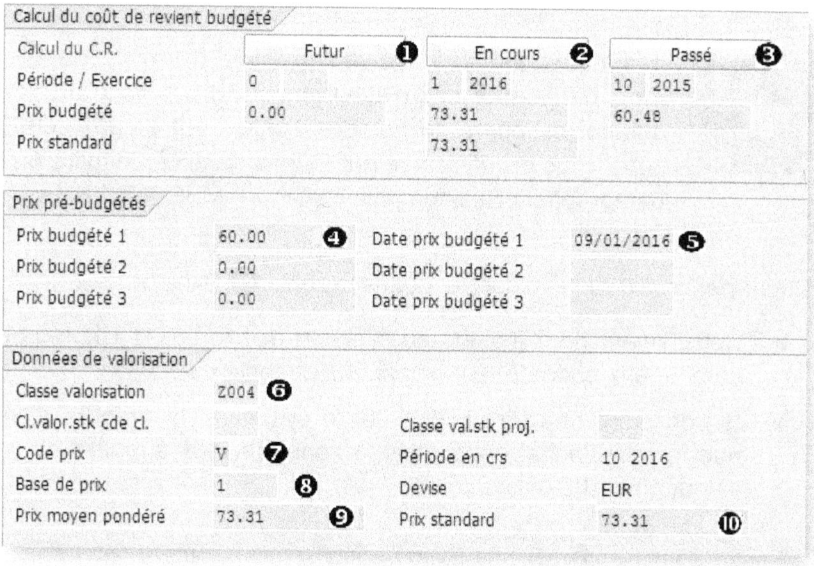

Figure 2.9 : Onglet CCR 2

Calcul du coût de revient budgété « FUTUR – EN COURS – PASSÉ » – CCR 2 – MBEW-ZPLPR/LPLPR/VPLPR

Les différents prix (voir Figure 2.9, zones ❶, ❷ et ❸) seront expliqués en détail au Chapitre 4.1.

Prix budgété 1 / Date prix budgété 1 – CCR 2 – MBEW-ZPLP1/ZPLP1

Les zones ❹ et ❺, également sur la Figure 2.9, sont utilisées lorsque l'on veut entrer le coût de revient d'un article (ou une partie de celui-ci) directement dans la fiche article. En pratique, elles servent surtout pour les articles achetés à l'extérieur lorsque l'on ne veut pas utiliser le prix d'achat provenant d'un ordre d'achat ou de la fiche infos-achats.

Bien comprendre la relation entre les zones « PRIX BUDGÉTÉ 1 » et « BASE DE PRIX »

 Il faut tenir compte de la valeur entrée dans la zone **❽** BASE DE PRIX Le prix d'achat entré dans la fiche article doit correspondre au nombre d'unités entré dans cette zone. Plus de détails seront fournis dans ce chapitre au paragraphe « Base de prix – CCR 2 – MBEW-PEINH ».

En principe, on utilise la valeur de 1 dans la zone **❽** BASE DE PRIX.

▶ Cette valeur de 1 indique au système que le prix d'achat entré comme prix budgété représente une quantité de 1.

▶ Si l'on entre une valeur de 100, le système comprendra alors que le prix d'achat entré dans la zone **❹** PRIX BUDGÉTÉ est la valeur pour 100 unités.

Simulation du CCR d'un article à faible prix d'achat

Scénario 1

```
Prix d'achat de l'article          = 0,0025 €
Valeur de la zone « Base de prix »  = 1
Valeur de la zone « Prix budgété 1 » = 0,00
```
$(0{,}0025\ € \times 1 = 0{,}00)$ le paramétrage du système nous limitant à 2 décimales.

Scénario 2

```
Prix d'achat de l'article          = 0,0025 €
Valeur de la zone « Base de prix »  = 100
Valeur de la zone « Prix budgété 1 » = 0,25 €
 (0,0025 × 100)
```

Il est évident que le scénario 2 est la bonne méthode : elle permet d'indiquer au système le véritable prix d'achat de l'article du fait de la limitation à deux décimales.

Mise à jour de la zone « PRIX BUDGÉTÉ 1 »

On ne peut pas effectuer de gestion de masse (transac-tion MM17) sur cette zone ❹ PRIX BUDGÉTÉ 1 ceci étant dû à la structure même du système qui ne le permet pas. Il faudra donc utiliser un outil spécifique (CATT, Winrunner) ou développer son propre programme Abap. Pour plus d'informations, vous pouvez lire la note OSS 323892.

Date prix budgété 1 : la zone ❺ visible Figure 2.9 sert à indiquer la date à laquelle la valeur entrée dans la zone ❹ PRIX BUDGÉTÉ 1 sera valable.

Pour indiquer au système que l'on veut utiliser en priorité le prix d'achat contenu dans la zone ❹ PRIX BUDGÉTÉ 1, il faut le paramétrer au sein de la transaction OKK4, ce qui sera traité Chapitre 6.2.12. Le système peut également être paramétré de telle sorte que les zones de prix budgété 2 et 3 puissent être utilisées.

Classe valorisation – CCR 2 – MBEW-BKLAS

La zone ❻ présentée Figure 2.9 n'a pas d'impact sur le coût de revient de l'article, mais est utilisée par le système pour déterminer les comptes de comptabilité générale à appliquer lorsque les utilisateurs effectueront des mouvements d'inventaire dans le module MM. En tant que telle, cette zone est très importante : elle permettra d'indiquer au système les comptes de bilan et de résultat qui seront affectés lors d'un mouvement de stock.

Pour aller plus loin dans la compréhension du système

Le paramétrage des classes de valorisation s'effectue à l'aide de la transaction OMSK.

Les paramètres d'enregistrement des comptes comp-tables s'effectuent à l'aide de la transaction OMWB.

Code prix – CCR 2 – MBEW-VPRSV

Comme la classe de valorisation, la zone ❼ illustrée Figure 2.9 n'a pas d'incidence directe sur le coût de revient de l'article, mais elle n'en est pas moins importante. Elle sert à indiquer au système comment nous voulons valoriser notre inventaire. Ce choix de valorisation se fait au niveau de l'article et de la division. Les possibilités suivantes s'offrent à nous :

▶ **La valorisation de l'inventaire au prix standard** : le prix standard correspond tout simplement au coût de revient.

▶ **La valorisation de l'inventaire au prix moyen pondéré** : le prix moyen pondéré est recalculé par le système en fonction des entrées de marchandises et des entrées de factures fournisseur générées suite aux commandes standard effectuées dans le système (voir Chapitre 1.2).

Il est à noter que :

▶ Le système calcule le prix moyen pondéré quel que soit le code prix indiqué. S'il indique S (prix standard), le système n'utilisera ainsi pas ce prix moyen pondéré.

▶ Le prix moyen pondéré s'utilise uniquement pour la valorisation de l'inventaire et pour les mouvements de sorties de stock.

Base de prix – CCR 2 – MBEW-PEINH

Comme vous pouvez le voir sur la Figure 2.9, la zone ❽ correspond au nombre d'unités de quantité auquel se réfère le prix. Cette zone est en lien direct avec la zone ❹ PRIX BUDGÉTÉ 1 » (voir Chapitre 2.1.5 « Prix budgété 1 / Date prix budgété 1 – CCR 2 – MBEW-ZPLP1/ZPLP1 »).

Prix moyen pondéré – CCR 2 – MBEW-VERPR

La zone ❾ (voir Figure 2.9) correspond au prix moyen pondéré calculé par le système, quel que soit le code prix indiqué (voir Chapitre 1.1).

Lorsque qu'il est erroné et qu'il est utilisé pour valoriser l'inventaire, il peut être utile de le corriger. SAP nous donne le choix entre deux méthodes :

▶ **Le remplacement pur et simple par un nouveau prix moyen pondéré** : on utilisera la transaction MR21.

▶ **L'ajustement en plus ou en moins du prix moyen pondéré** : on utilisera la transaction MR22.

Correction du « PRIX MOYEN PONDÉRÉ »

 La régularisation de ce prix n'est utile que si l'on valorise l'inventaire de l'article concerné au prix moyen pondéré puisque dans le cas contraire, le système ne l'utilisera pas (voir Chapitre 2.1.5, Paragraphe « Code prix – CCR 2 – MBEW-VPRSV »).

Prix standard – CCR 2 – MBEW-STPRS

La zone ❿ également sur la Figure 2.9 correspond au coût de revient calculé par le système (voir Chapitre 3).

2.2 Nomenclature des articles CS03

Le coût des composants inclus dans la nomenclature d'un article fabriqué ou sous-traité fait partie intégrante de son coût de revient. Il est donc important de comprendre les différentes zones/données qui la composent.

2.2.1 L'en-tête de la nomenclature

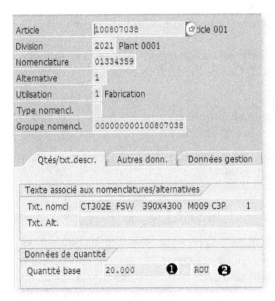

Figure 2.10 : Nomenclature : En-tête:

Comme vous pouvez le voir Figure 2.10, l'en-tête de la nomenclature nous fournit :

❶ **La quantité de base** à laquelle se réfèrent toutes les quantités de ses composants.

❷ **L'unité de quantité de base** : le système définit cette unité par défaut à partir de la fiche article. Il s'agit de la même unité de base que celle présente dans la table des unités de mesure supplémentaires, colonne UQ (voir Figure 2.3). Il s'agit de l'unité de base qui sert à valoriser l'inventaire.

Unité et quantité de base de la nomenclature

 Il n'est pas nécessaire d'utiliser l'unité de base de l'article ou la même quantité que la taille de lot de la fiche article, mais cela peut permettre de mieux lire la nomenclature et le coût de revient calculé.

2.2.2 Fiche synthèse de la nomenclature

Figure 2.11 : Nomenclature : Fiche synthèse

La fiche de synthèse de la nomenclature représentée Figure 2.11 nous indique la liste des composants de l'article. Il faut noter les points suivants :

❶ Les quantités indiquées s'appuient sur la quantité de base présente dans l'en-tête de la nomenclature (voir Figure 2.10) et comprennent les quantités mises au rebus.

❷ L'unité de quantité correspond généralement à l'unité de quantité de base utilisée dans la fiche article du composant.

❸ La colonne S-E ou Sous-ensemble existant indique si le composant est lui-même un produit fabriqué ou sous-traité qui dispose de sa propre nomenclature.

L'unité de mesure du composant

Il est possible d'utiliser une autre unité de mesure. Pour une meilleure lecture de la nomenclature, il est cependant conseillé d'utiliser l'unité de mesure de base du composant.

2.2.3 Fiche données de base d'un composant de la nomenclature

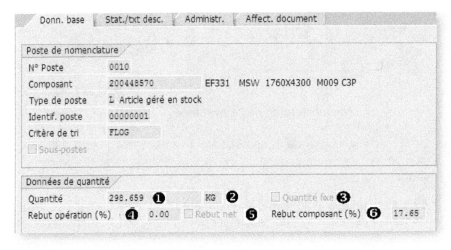

Figure 2.12 : Nomenclature : Fiche données de base du composant

Comme illustré Figure 2.12, la nomenclature contient une fiche détaillée par composant. Elle comprend les zones suivantes :

❶ QUANTITÉ (voir Chapitre 2.2.2).

❷ Unité de quantité KG (voir Chapitre 2.2.2).

❸ QUANTITÉ FIXE : si cette zone est activée, la quantité utilisée sera fixe et non pas proportionnelle à la taille du lot (voir Chapitre 2.1.4, Paragraphe « Taille du lot du CCR – CCR 1 – MARC-SOBSK ») lors de la valorisation du coût de revient de l'article.

❹ et ❺ REBUT DE L'OPÉRATION (%) et REBUT NET : il s'agit du rebut attendu durant l'opération. Si cette première zone est utilisée et qu'un pourcentage y est entré, il faut alors activer la zone REBUT NET. Ces deux zones sont liées entre elles.

❻ REBUT DU COMPOSANT (%) : il s'agit du rebut attendu dû aux composants.

Coût d'un composant avec un pourcentage de rebut

Taille du lot du produit fabriqué = 5,200 MU
Quantité de base de la nomenclature = 1,000 MU
Quantité du composant dans la nomenclature = 36,478 KG
Pourcentage de rebut = 15 %
Quantité du composant utilisée dans le coût de revient de l'article = 218,139 KG = ([36,478 KG / 1,000 MU × 5,200 MU] × 1,15)

Les quantités

Les quantités indiquées dans la nomenclature sont celles qui seront comprises dans le produit fabriqué. Pour connaitre les quantités nécessaires à la fabrication de l'article et au calcul de son coût de revient, il faut y inclure les pourcentages de rebut.

Co-produit

Figure 2.13 : Nomenclature : Co-produit

La zone ❶ CO-PRODUIT, présentée Figure 2.13, doit être activée si le composant est un coproduit.

39

Activation de la zone « CO-PRODUIT »

Cette zone ne peut être activée que si le code CO-PRODUIT l'a été dans la fiche article (voir Chapitre 2.1.2, Paragraphe « Co-produits – MRP2 – KZKUP »)

La zone ❸ de prélèvement rétroactif, qui avait été illustrée Figure 2.4, sert à indiquer au système le mode de consommation des composants lors de la fabrication.

Lors d'un ordre de fabrication, nous disposons de deux méthodes pour allouer les quantités consommées à celui-ci :

▶ Le procédé de fabrication permet de connaitre précisément les quantités consommées : dans ce cas, on indique au système la quantité réellement utilisée en effectuant une sortie de stock à destination de l'ordre de fabrication.

▶ Le procédé de fabrication ne permet pas de connaître précisément les quantités consommées : dans ce cas, on indique au système la quantité budgétée correspondant à la quantité utilisée lors du calcul du coût de revient de l'article.

Code CCR

Figure 2.14 : Nomenclature : Code CCR

Comme montré Figure 2.14, si la zone ❶ CODE CCR est active, le composant sera pris en considération lors du calcul du coût de revient de l'article.

Marchandise en vrac

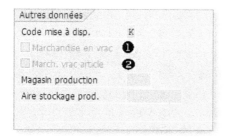

Figure 2.15 : Nomenclature : Marchandise en vrac

Figure 2.15 ❶ et ❷ : si l'une de ces deux zones est activée, le coût du composant ne sera pas compris dans le coût de revient du produit fabriqué (voir Chapitre 2.1.2, Paragraphe « Marchandises en vrac – MRP2 – MARC-SCHGT »).

2.3 Gamme de fabrication CA03

La *gamme de fabrication* est constituée d'une ou plusieurs étapes de fabrication. Elle est prise en compte par le système pour calculer le coût des activités internes, comme vous pourrez le voir Figure 3.5. Elle peut se constituer d'une ou plusieurs opérations (voir Figure 2.16).

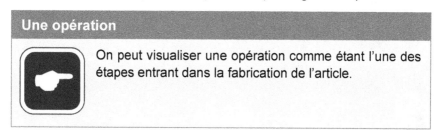

On peut visualiser une opération comme étant l'une des étapes entrant dans la fabrication de l'article.

Figure 2.16 : Gamme de fabrication : Opération

Illustrées Figure 2.16, les zones :

❶ Opération détermine l'ordre d'une séquence de fabrication donnée. L'opération 0010 sera par exemple effectuée avant l'opération 0020.

Valorisation de l'opération

 Lorsque la gamme de fabrication contient plusieurs opérations, chaque opération sera valorisée distinctement dans le coût de revient de l'article.

❷ Poste de travail / division indique le poste de travail (voir Chapitre 2.4) et la division où est physiquement effectuée cette étape de fabrication.

❸ Clé de commande : pour être comprise dans le coût de revient de l'article fabriqué, l'opération doit être associée à une clé de commande paramétrée.

❹ Clé de référence est une zone de texte décrivant l'opération.

Paramétrage de la clé de commande

 La transaction OKZ4 permet d'effectuer le paramétrage de la clé de commande, comme vous pouvez le voir Figure 2.17. Il faudra cependant veiller à sélectionner la zone **❶** Calculer les coûts pour que la gamme de fabrication soit incluse dans le CCR de l'article.

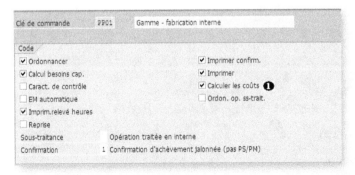

Figure 2.17 : Transaction OKZ4 : Paramétrage Clé de commande PP01

2.3.1　Valeur standard

Figure :

Valeurs standard								
			Conversion des unités de quantité					
Quantité de base	20.000	❶	En-t.	U.			Opérat.	U.Q.
UQ de l'opération	ROU	❷	1	ROU	<=>		1	ROU
Temps d'arrêt	0.000							
	Valeur std ❸	Uté	Type activ.	Tx rendem.				
Temps de changement	0.0	HRS	SETUP	001				
Temps machine	0.498	HRS	MACHHR	001				
Temps main-d'oeuvre	0.0	HRS	DIRLAB	001				
Valeur standard 1	0.0	HRS	SETOH					
Down time	0.000							
Processus de gestion								

Figure 2.18 : Gamme de fabrication : Valeur standard

Zones de valeurs standard

! Dans cette section, vous verrez un certain nombre de zones, présentées Figure 2.18. Notez bien que cette partie est paramétrable et peut donc être très différente d'une société à une autre. L'important est de comprendre la logique utilisée par le système.

❶ La Quantité de base représente la quantité à laquelle se réfèrent les valeurs standard entrées directement en-dessous.

Choix de la quantité

  Il n'est pas nécessaire d'utiliser la même quantité que celle de la fiche article (voir Chapitre 2.1.4, Paragraphe « Taille du lot du CCR – CCR 1 – MARC-SOBSK »). Cela peut cependant être très utile pour simplifier la compréhension des quantités utilisées.

❷ L'UQ de l'opération représente l'unité de mesure utilisée dans l'opération. En principe, on se sert de l'unité de base, c'est à dire l'unité présente dans la table des unités de mesure supplémentaire colonne UQ (voir Figure 2.3). Il s'agit de l'unité utilisée pour valoriser l'inventaire.

Choix de l'unité de mesure

Il est tout à fait possible d'utiliser une autre unité de mesure. Il faudra alors indiquer la conversion entre ces deux unités de mesure dans la partie droite de l'écran prévue à cet effet (voir Figure 2.18).

❸ La VALEUR STANDARD PAR TYPE D'ACTIVITÉ représente la durée de l'activité nécessaire pour effectuer l'opération de fabrication, le type d'activité étant l'activité produite pour effectuer l'opération de fabrication. Il peut être mesuré en unité de temps ou de quantité.

2.3.2 Données générales

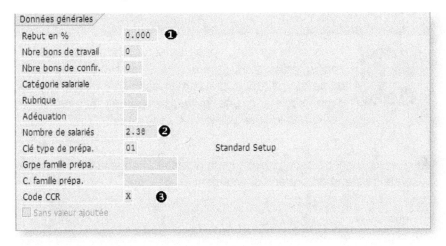

Figure 2.19 : Gamme de fabrication : Données générales

❶ Le REBUT EN % représente le pourcentage de rebut prévu pour cette opération.

❷ Le NOMBRE DE SALARIÉS représente le nombre d'employés nécessaire à l'opération de fabrication.

Nombre de salariés

Le nombre de salariés sera utilisé pour le calcul du coût de revient de l'article fabriqué (voir Chapitre 3.1.2).

❸ Le CODE CCR : si cette zone est activée, l'opération de fabrication sera prise en compte pour le calcul du coût de revient de l'article fabriqué. Si elle ne l'est pas, l'opération ne sera pas comptée dans le coût de revient.

ACTIVATION DE LA ZONE « CODE CCR »

Cette zone ❸ doit être activée, comme sur la Figure 2.19, pour que l'opération soit prise en compte dans le calcul du coût de revient.

Valorisation de la gamme de fabrication

Le Chapitre 3.1 expliquera en détail la manière dont le système valorise les coûts engendrés par la gamme de fabrication dans le coût de revient de l'article.

2.4 Poste de travail CR03

Un *poste de travail* peut représenter une chaîne de production complète ou simplement une partie de celle-ci, en fonction de la complexité de la chaine de fabrication ou de la manière dont la société veut analyser ses coûts de fabrication.

2.4.1 Données générales – Sortie rétroactive

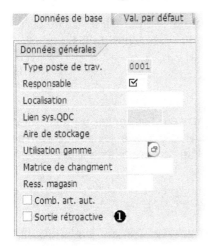

Figure 2.20 : Poste de travail : Données de base

❶ SORTIE RÉTROACTIVE (voir Figure 2.20) est liée à la zone de la fiche article REGZ (voir Chapitre 2.1.2, Paragraphe « Prélèvement rétroac. – MRP 2 – MARC-RGEKZ »). Si elle est activée, elle sera prise en compte à condition de spécifier dans la fiche article que la décision de sortir un composant rétroactivement doit être prise via le poste de travail où l'opération est effectuée.

2.4.2 Données de base – Gestion des valeurs standard

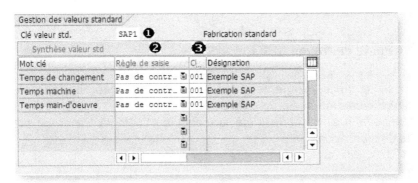

Figure 2.21 : Poste de travail : Gestion des valeurs standard

❶ La CLÉ VALEUR STANDARD affecte une dimension aux six valeurs de référence maximales. Dans notre exemple, nous avons choisi la clé SAP1 FABRICATION STANDARD qui comprend le temps de changement, le temps machine et le temps de main-d'œuvre.

❷ La RÈGLE DE SAISIE (voir Figure 2.21 et Figure 2.22) est celle que l'on veut voir appliquer lorsqu'un utilisateur saisira les données d'heure par ordre de fabrication (Transaction CO11N).

Pas de contrôle de validité
Ne doit pas être saisi: aucune valeur ne doit être saisie
De préférence ne pas saisir: avertiss.si vs saisissez valeur
De préférence saisir: avertiss.si vs ne saisissez pas de val
Doit être saisi: erreur si vs ne saisissez pas de valeur

Figure 2.22 : Poste de travail : Liste des règles de saisie

❸ La CLÉ DE RENDEMENT (voir Figure 2.21) permet de définir le taux de rendement sur une base horaire. Si l'on n'en indique pas, le système utilise par défaut un taux de rendement de 100 % dans les calculs.

Paramétrage des clés de rendement

Il est possible de paramétrer de nouvelles clés de rendement avec la transaction OP28.

2.4.3 Calcul du CR

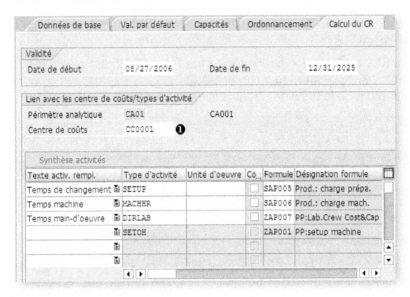

Figure 2.23 : Poste de travail : Calcul du CR (1)

❶ Le CENTRE DE COÛTS assigné au poste de travail, visible Figure 2.23, est appliqué par le système lors du calcul du coût de revient de l'article fabriqué. Il s'agit du coût budgété horaire de ce centre de coûts qui sera utilisé par le système lors du calcul du coût de revient de l'article.

Saisie des taux horaires des centres de coûts

La transaction KP26 (voir Chapitre 2.5) permet de saisir les taux horaires des centres de coûts.

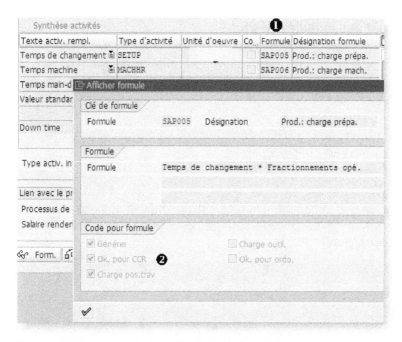

Figure 2.24 : Poste de travail : Calcul du CR (2)

❶ Les FORMULES (voir Figure 2.24) indiquent au système les données à prendre en compte lors du calcul du coût de revient de l'article.

Activation de la zone « OK. pour CCR »

La zone ❷ OK. POUR CCR, également Figure 2.24, doit être activée pour que la formule puisse être utilisée lors du calcul du coût de revient de l'article.

Valorisation de la gamme de fabrication

Le Chapitre 3.1 expliquera en détail la manière dont le système valorise les coûts engendrés par la gamme de fabrication dans le coût de revient de l'article.

2.5   Coût des activités KP26

La transaction KP26, présentée Figure 2.25, permet d'entrer dans le système le coût des activités par rapport à une unité de mesure. Dans notre exemple :

```
Type Activité      = DIRLAB
Unité de mesure    = HRS (heures)
Prix standard      = 10,19 €
```

Cela signifie que le nombre d'heures indiqué dans la nomenclature sera valorisé à 10,19 € ❶ dans le coût de revient de l'article, tel qu'il sera expliqué Chapitre 3.1.2.

Version	p		Plan/Act - Version						
Période	1	A	12						
Exercice compt.	2016								

Centre	TypAct	Activ. p-budgétée	CDis	Uté	Prix de cessio...	Prix standard ...	Unité ...	Co...	P...	Nat. compt...
7090001	SETUP	0.0	2	HRS	0.00	0.01	00001	1		64850043
	MACHHR	2,098,936.0	0	HRS	0.00	4.71	00001	1		64250043
	DIRLAB	2,686,637.0	0	HRS	0.00	❶ 10.19	00001	1		64200043
	SETOH	0.0	2	HRS	0.00	0.01	00001	1		64900043
	PRMT	0.0	2	HRS	0.00	0.01	00001	1		64850143
	PRMTOH	0.0	2	HRS	0.00	0.01	00001	1		64900143
	*TypAc	4,785,573.0								

Figure 2.25 : Transaction KP26

2.6   Coût additionnel des frais généraux

Lors du calcul du coût de revient d'un article, un schéma est sélectionné pour inclure les coûts additionnels des frais généraux, comme il sera illustré Figure 6.3.

Paramétrage des schémas

 Il faut comprendre que les schémas présentés Figure 2.26 peuvent être très différents d'une société à l'autre en fonction des besoins de contrôle des coûts de fabrication. Il existe un grand choix de coût additionnels à notre disposition et de nouveaux peuvent également être paramétrés, la difficulté étant de déterminer la bonne dépendance des coûts additionnels. Le paramétrage s'effectue au sein de la transaction KZS2 (voir Chapitre 6.1.3).

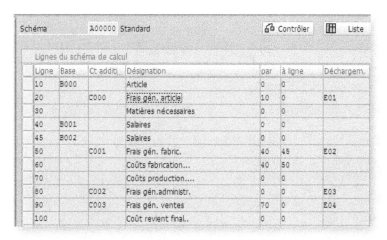

Schéma		A00000 Standard		🔲 Contrôler	🔳 Liste	

Lignes du schéma de calcul							
Ligne	Base	Ct additi.	Désignation	par	à ligne	Déchargem.	
10	B000		Article	0	0		
20		C000	Frais gén. article	10	0	E01	
30			Matières nécessaires	0	0		
40	B001		Salaires	0	0		
45	B002		Salaires	0	0		
50		C001	Frais gén. fabric.	40	45	E02	
60			Coûts fabrication...	40	50		
70			Coûts production....	0	0		
80		C002	Frais gén.administr.	0	0	E03	
90		C003	Frais gén. ventes	70	0	E04	
100			Coût revient final..	0	0		

Figure 2.26 : Schéma A00000

Méthodes de calcul des coûts additionnels de frais généraux

 Le système met à notre disposition deux méthodes : l'une basée sur les pourcentages (voir Chapitre 2.6.1) et l'autre sur un prix fixe en fonction d'une quantité (voir Chapitre 2.6.2).

2.6.1 Méthode basée sur des pourcentages

On indique au système de calculer une catégorie de frais en appliquant un pourcentage à une base prédéterminée.

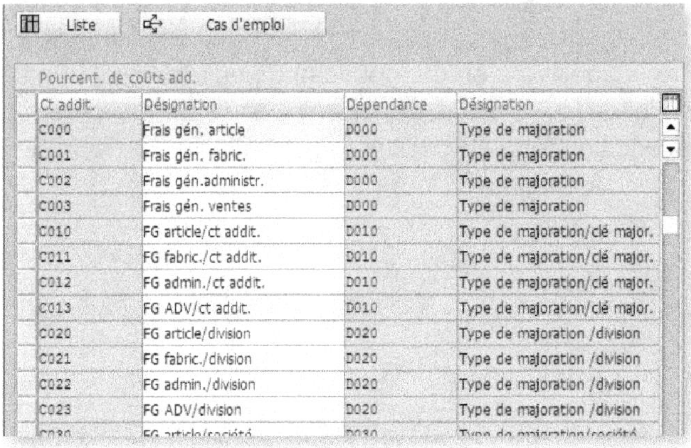

Ct addit.	Désignation	Dépendance	Désignation
C000	Frais gén. article	D000	Type de majoration
C001	Frais gén. fabric.	D000	Type de majoration
C002	Frais gén.administr.	D000	Type de majoration
C003	Frais gén. ventes	D000	Type de majoration
C010	FG article/ct addit.	D010	Type de majoration/clé major.
C011	FG fabric./ct addit.	D010	Type de majoration/clé major.
C012	FG admin./ct addit.	D010	Type de majoration/clé major.
C013	FG ADV/ct addit.	D010	Type de majoration/clé major.
C020	FG article/division	D020	Type de majoration /division
C021	FG fabric./division	D020	Type de majoration /division
C022	FG admin./division	D020	Type de majoration /division
C023	FG ADV/division	D020	Type de majoration /division

Figure 2.27 : Transaction KZZ2

Lorsque l'on a déterminé le coût additionnel correspondant le mieux à notre société comme sur la Figure 2.27, il suffit par la suite d'y assigner les pourcentages (voir Figure 2.28).

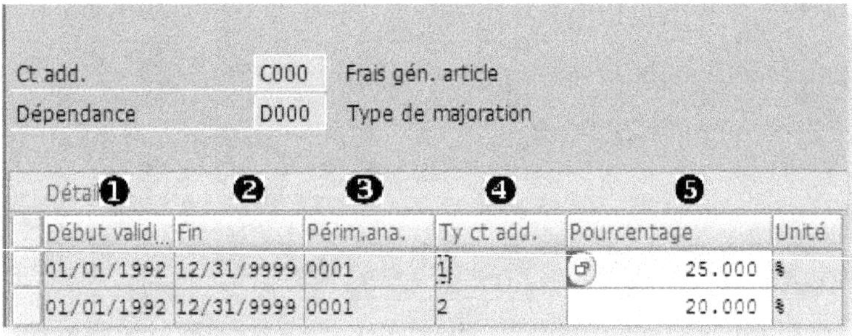

Début validi..	Fin	Périm.ana.	Ty ct add.	Pourcentage	Unité
01/01/1992	12/31/9999	0001	1	25.000	%
01/01/1992	12/31/9999	0001	2	20.000	%

Figure 2.28 : Transaction KZZ2 : Saisie des pourcentages

La saisie des pourcentages ❺ au sein de la transaction `KZZ2` s'effectue ainsi :

❶ et ❷ DÉBUT VALIDITÉ – FIN : il s'agit des dates de début et de fin de validité du pourcentage.

❸ Le PÉRIMÈTRE ANALYTIQUE indique au système l'entité organisati-
onnelle pour lequel les pourcentages seront valides.

❹ TYPES DE COÛT ADDITIONNEL : cette clé permet de différencier les
coûts additionnels budgétés et réels. Les deux types les plus utilisés
sont le 1 et le 2.

Coûts additionnels Réels/Budgétés

1 (ou COÛT ADDITIONNEL RÉEL) : indique au système
d'utiliser le pourcentage lors du calcul des coûts réels
affectés à l'ordre de fabrication pour le calcul des écarts
de fabrication (voir Chapitre 5).

2 (ou COÛT ADDITIONNEL BUDGÉTÉ) : indique au système
de prendre en compte le pourcentage ❺ lors du calcul du coût de
revient de l'article (voir Chapitre 3.1.3).

Choix du niveau de coûts additionnels

Comme indiqué précédemment, il existe un grand
nombre de choix. Le coût additionnel C020 offre la possibilité d'utiliser des pourcentages différents par périmètre analytique et par division, ce qui représente un
niveau nettement plus fin que le coût additionnel C000,
tous deux illustrés Figure 2.27.

2.6.2 Méthode basée sur un prix fixe en fonction d'une quantité

Avec cette méthode, on indique au système la valeur à appliquer en
fonction d'une quantité déterminée. Comme pour la méthode basée sur
les pourcentages présentée Chapitre 2.6.1, il existe un grand choix de
coût additionnels à notre disposition.

Coûts add. liés à la quantité				
Ct addit. ❶	Désignation	Dépendance	Désignation	
C100	Frais gén. article	D000	Type de majoration	
C110	FG article/ct addit.	D010	Type de majoration/clé major.	
C120	FG article/division	D020	Type de majoration /division	
C130	FG article/société	D030	Type de majoration/société	
C140	FG article/dom. act.	D040	Type majoration/ Domaine act.	
C150	FG article/ty. ordre	D050	Type majorat./type cde client	
C160	FG article/cat.ordre	D060	Type majoration /cat. cde cli.	
C170	MatièreInd./Version	D070	Type de majoration/version	
C180	FG Art./Ctr. profit	D080	Type majoration/Centre profit	
Y001		D010	Type de majoration/clé major.	
Y002		D010	Type de majoration/clé major.	

Figure 2.29 : Transaction KZM2

Lorsque l'on a déterminé le coût additionnel correspondant le mieux à notre société (voir Figure 2.29, zone ❶), il suffit par la suite d'y indiquer les valeurs, comme sur la Figure 2.30.

Ct add.	Y002			
Dépendance	D010	Type de majoration/clé major.		

Détail					❶			
Début validi.	Fin	Périm.ana.	Ty ct add.	Clé CA	Montant	Unité	par	UQ
09/27/2016	09/31/2016	CA01	1	110HA3	103.18	EUR	1,000	KG
09/27/2016	12/31/2016	CA01	2	110HA3	103.18	EUR	1,000	KG

Figure 2.30 : Transaction KZM2 : Saisie des montants

Clé additionnelle paramétrée de manière à correspondre aux besoins de la société

Les informations sur les dates, le périmètre analytique, le type de coût additionnel ont été expliquées avec la méthode basée sur les pourcentages au Chapitre 2.6.1.

❶ La CLÉ ADDITIONNELLE, présentée Figure 2.29 et Figure 2.30, correspond à un groupe de frais généraux (voir Chapitre 2.1.4, Paragraphe « Groupe de frais généraux – CCR 1 – MBEW-KOSGR »).

Le montant, l'unité monétaire, le nombre d'unités et l'unité de mesure UQ (voir Figure 2.30) indiquent que le coût additionnel sera de 103,18 € pour 1 000 kg.

2.7 Autres coûts additionnels

Le système offre une autre méthode permettant d'inclure des coûts additionnels dans le coût de revient d'un article. Il s'agit de la transaction CK74N.

Coût pouvant être incorporé au coût de revient d'un article à l'aide de la transaction CK74N

Dans le cas présenté Figure 2.31, on décide d'ajouter 7,5 € de frais de transport pour 1 rouleau.

Catégorie	Quantité	Unité quantité	Valeur - totale	Description	Prix - total	Base de prix	Nat. compt...	Elément de coût
.V	10.000	ROU	75.00	Frais de transport	7.50	1	64152000	17

Figure 2.31 : Transaction CK74N

Les informations à entrer sont les suivantes :

❶ La CATÉGORIE indique que le poste est variable. La valeur de ce poste inclus dans le coût de revient de l'article calculé sera proportionnel à la taille du lot. Le système nous propose plusieurs options, comme sur la Figure 2.32.

M (article)	B (CCR type)
N (prestation de service)	L (sous-traitance)
E (activité interne)	F (activité externe)
V (poste variable)	S (total)
I (coûts ind. acqu.)	A (co-produit)
T (texte)	P (coûts de processus manuels)
G (coûts additionnels de frais généraux déterminés automatiquement)	
X (coûts de processus déterminés automatiquement)	

Figure 2.32 : Transaction CK74N – Catégories

❷ L'ÉLÉMENT DE COÛT est le regroupement de natures comptables dans le schéma d'éléments (voir Chapitre 6.2.8).

❸ La NATURE COMPTABLE représente le poste du plan comptable analytique qui recevra cette catégorie de coût.

❹ La BASE DE PRIX et ❺ le PRIX TOTAL indiquent au système le coût de l'élément.

```
Dans notre exemple : 1 rouleau = 7,50 €
```

❻ La VALEUR TOTALE est calculée par le système en utilisant à la fois le prix de base, la quantité et l'unité de quantité, comme sur la Figure 2.33

```
Valeur totale = (7,5 € / 1) × 10 ROU = 75
```

(voir Figure 2.33, zone ❶).

Cette méthode permettant d'ajouter des coûts est très flexible. L'inconvénient majeur réside cependant dans le fait que cette transaction ne permet pas de créer des coûts pour plusieurs articles simultanément. Si l'on a 20 articles, il faudra donc recommencer l'opération vingt fois. Il est possible d'utiliser un outil spécifique (CATT, Winrunner) ou de développer son propre programme Abap pour pouvoir entrer dans le système un grand nombre de coûts additionnels de manière efficace. Si l'on développe un programme Abap, il sera plus intéressant d'appeler la transaction CK74, celle-ci permettant d'utiliser le programme en arrière-plan contrairement à la transaction CK74N.

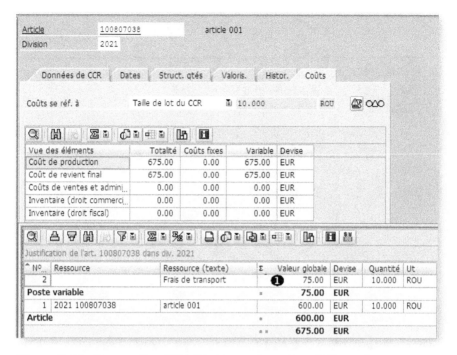

Figure 2.33 : Transaction CK11N : Exemple coûts additionnels

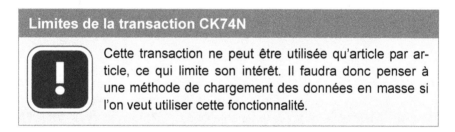

2.8 Fiche infos-achats ME13

La fiche infos-achats contient les conditions d'achat concernant un article, un fournisseur et une division déterminés. Suivant le paramétrage du système, on peut utiliser le prix d'achat prévu dans ces fiches comme base de calcul du coût de revient des articles achetés à des fournisseurs externes ou en sous-traitance. Pour les articles fabriqués par un sous-traitant, ce coût pourra être incorporé au coût de revient via la fiche infos-achats.

La fiche infos-achats

 La fiche infos-achats sert souvent à valoriser les achats en provenance d'un fournisseur externe (voir Figure 2.34 et Figure 2.35).

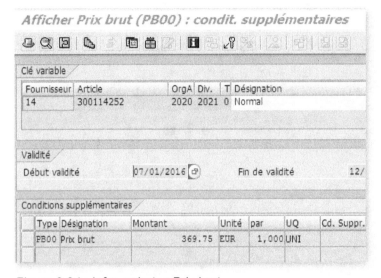

Figure 2.34 : Infos-achats : Prix brut

Le choix de la source d'approvisionnement se pose lorsque l'on a plusieurs fournisseurs pour un même article, une même division. Pour indiquer au système le fournisseur à sélectionner, il faut valider la zone ❶ SOURCE BLOQUÉE dans l'onglet AUTRES FONCTIONS • RÉPERTOIRE SOURCES D'APPROVISIONNEMENT, comme indiqué Figure 2.36.

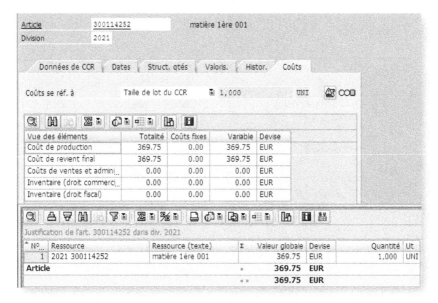

Figure 2.35 : Coût de revient : Infos-achats : Prix brut

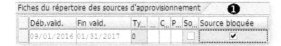

Figure 2.36 : Infos-achats : Source bloquée

Paramétrage de la transaction OKK4

 Pour indiquer au système que l'on veut utiliser en priorité le prix d'achat contenu dans la fiche infos-achats, il faut le paramétrer au sein de la transaction OKK4 (voir Figure 2.37 et Chapitre 6.2.12).

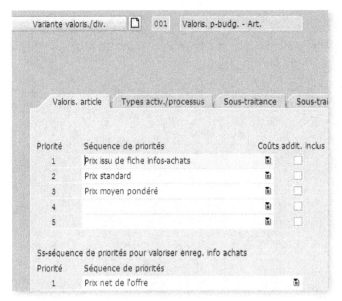

Figure 2.37 : Transaction OKK4 : Paramétrage Infos-achats

3 Composition du CCR

La formation du coût de revient d'un article réunit des informations provenant de différentes sources. Ce chapitre démontrera les calculs effectués et les données utilisées pour chaque catégorie d'articles. Les articles ont été scindés en quatre catégories distinctes, le coût standard de chaque catégorie étant constitué différemment.

Choix de paramétrage

 En fonction du paramétrage système (voir Chapitres 6.1 et 6.2), chaque organisation peut utiliser des méthodes différentes pour valoriser ses articles. Celles démontrées dans cette partie du livre se basent sur le paramétrage représentant les choix et besoins d'une société. Ceux-ci peuvent cependant varier d'une société à une autre.

Le coût de revient de chaque catégorie d'articles est expliqué ci-après à l'aide d'exemples concrets, spécialement choisis pour attester de la complexité de certains calculs.

La création d'un coût de revient s'effectue à l'aide de la transaction CK11N (voir Chapitre 4.2).

3.1 Article fabriqué

Il s'agit des articles fabriqués au sein de la division.

Le coût de revient d'un article fabriqué se compose :

1. Du coût de ses composants :

Pour ce faire, le système utilise les composants de la nomenclature de l'article. Pour déterminer les quantités à valoriser :

▶ Il convertit les unités de mesure en utilisant la table des mesures se trouvant dans la fiche article, comme sur la Figure 2.3.

▶ Il convertit les quantités pour qu'elles correspondent à la taille du lot (voir Chapitre 2.1.4, Paragraphe « Taille du lot du CCR – CCR 1 – MARC-SOBSK ») et non plus à la quantité de base de la nomenclature (voir Figure 2.10)

▶ Il applique les pourcentages de rebuts indiqués dans la nomenclature, illustrés Figure 2.12.

▶ Il exclut les composants de la nomenclature écartés de la valorisation, notamment les marchandises en vrac et les composants pour lesquels on a indiqué qu'ils ne seraient pas pris en compte dans le coût de revient. Ces indicateurs se situent à la fois dans la nomenclature (voir Chapitre 2.2.3, Paragraphes « Marchandise en vrac » et « Code CCR ») et dans la fiche article (voir Chapitre 2.1.2, Paragraphe « Marchandises en vrac – MRP2 – MARC-SCHGT » et Chapitre 2.1.4, Paragraphe « Pas de CCR – CCR 1 – MARC-NCOST »).

▶ Si l'article dispose de plusieurs nomenclatures, le système utilisera généralement celle qui est liée à la première version, comme indiqué dans la fiche article (voir Chapitre 2.1.3, Paragraphe « Code de version – MRP 4 – MARC-VERKZ »).

▶ Ces quantités sont ensuite valorisées au coût de revient des articles concernés.

2. Du coût de ses activités internes :

Pour ce faire, le système se sert des informations stockées au niveau de la gamme de fabrication (voir Chapitre 2.3), du poste de travail (voir Chapitre 2.4) et du centre de coût (voir Chapitre 2.5).

▶ Il convertit les unités de temps pour qu'elles correspondent à la taille du lot (voir Chapitre 2.1.4, Paragraphe « Taille du lot du CCR – CCR 1 – MARC-SOBSK ») et non pas à la quantité de base de la gamme de fabrication (voir Chapitre 2.3.1).

▶ Il utilise les formules contenues dans le poste de travail (voir Chapitre 2.4.3) pour calculer la valeur de temps correspondant à la taille du lot (voir Chapitre 2.1.4, Paragraphe « Taille du lot du CCR – CCR 1 – MARC-SOBSK »). Dans certaines formules, il prendra le nombre de salariés indiqué dans la gamme de fabrication, comme expliqué au Chapitre 2.3.2.

▶ Il valorisera ce temps calculé en utilisant le taux horaire stocké au niveau du centre de coût, comme nous l'avons vu au Chapitre 2.5.

3. Des coûts additionnels de frais généraux :

Pour ce faire, le système utilise le schéma de fabrication paramétré (voir Chapitre 2.6) et les pourcentages entrés dans le système (voir Chapitre 2.6.1) afin de calculer ces coûts additionnels.

Valorisation d'un article fabriqué

p.ex. Nous avons valorisé l'article de la Figure 3.1 à 2 222,48 € pour 5 SU.

Transaction CK11N

article	Produit Fini 001
Division	001
Taille du Lot du CCR	5 SU
Clé de coûts additionnels	CC1

Ressource (texte)	Valeur globale	Quantité	Unité de qté produite
Produit semi-fini	1 254,73 €	1 060,762	KG
Matière première 01	127,24 €	5	UNI
Matière première 02	2,67 €	5	UNI
Matière première 03			
Matière première 04	0,22 €	5	UNI
Matière première 05	2,47 €	10	UNI
Matière première 06	35,92 €	2	UNI
Coût des articles	1 423,25 €		
Service logistique	3,84 €		
Ch. sal. de maintenance	15,77 €		
heures supplémentaires	1,86 €		
Charges patronales	7,13 €		
Fournit. de maintenance	2,60 €		
Fournit. de fabrication	287,55 €		
Energie	441,27 €		
Autres	18,04 €		
C. add. de frais généraux	778,06 €		
Temps de fabrication fixe	9,18 €	0,330	HRS
Temps machine	0,21 €	0,212	HRS
Temps main d'œuvre	11,78 €	0,423	HRS
Activité interne	21,17 €		
Total	2 222,48 €		

Figure 3.1 : Valorisation : Produit fabriqué

3.1.1 Coût des composants

Le calcul des quantités s'effectue comme suit pour le produit semi-fini (voir Figure 3.2) :

```
Quantités du composant   = 21 026 KG pour 100 SU
Quantités mises au rebut = 21 026 KG × 0,9/100
                         = 189,234 KG
Montant obtenu converti à la taille du lot (21 026 KG +
189,234 KG) × 5 / 100   = 1 060,7617 KG ❶
```

Dans l'exemple utilisé, il faut noter que :

▶ Seul le produit semi-fini a un pourcentage de rebut.

▶ La matière première 3 n'est pas comprise dans le CCR étant donné qu'il s'agit d'une marchandise en vrac exclue de la valorisation du CCR.

▶ La table de conversion n'a pas été utilisée, le ratio de conversion entre les unités de mesure X et Y étant de 1. Si le ratio avait été différent de 1, il aurait fallu en tenir compte dans le calcul.

▶ Toutes les unités de mesure ne sont pas paramétrées avec le même nombre de décimales : l'unité KG est paramétrée avec 3 décimales alors que l'unité UNI l'est sans décimale. Le système a arrondi à l'unité supérieure.

Le calcul des quantités des composants s'effectue comme suit pour le produit semi-fini (voir Figure 3.2 et Figure 3.3). La même méthode de calcul s'applique aux matières premières.

```
Quantités calculées précédemment   = 1 060,762 KG
Coût de revient dans la fiche client = 1 182,86 €/1 000 KG
Valorisation du CCR = 1 182,86 € × 1 060,762 KG / 1 000 KG
                    = 1 254.73 € ❷
```

composants		SF	MP 1	MP 2	MP 3	MP 4	MP 5	MP 6
CCR	taille du Lot	5	5	5	5	5	5	5
	UQ	SU	SU	SU	SU	SU	SU	SU
nomenclature de l'article	quantité de base	100	100	100	100	100	100	100
	UQ	SU	SU	SU	SU	SU	SU	SU
	quantité du composant	21026	100	100	1	100	200	25
	UQ	KG	UNI	UNI	UNI	UNI	UNI	UNI
	rebut composant %	0,9	0	0	0	0	0	0
	Marchandise en vrac				x			
table de conversion	X	1	1	1	1	1	1	1
	UQA	UNI	UNI	UNI	UNI	UNI	UNI	UNI
	Y	1	1	1	1	1	1	1
	UQ	SU	SU	SU	SU	SU	SU	SU
	Quantités inclus dans le CCR ❶	1060,762	5	5		5	10	2

Figure 3.2 : Calcul des quantités des composants

	composants	SF	MP 1	MP 2	MP 3	MP 4	MP 5	MP 6
fiche article	Quantités inclus dans le CCR	1060,762	5	5		5	10	2
	Quantité de base	1000	1000	1000		1000	1000	1000
	UQ	KG	ZPL	ZPL		ZPL	ZPL	ZPL
	CCR	1 182,86 €	25 447,11 €	534,61 €		44 47 €	246,79 €	11 961,15 €
	Valorisation du CCR ❷	1 254,73 €	127,24 €	2.67 €		0,22 €	2,47 €	35,92 €

Figure 3.3 : Calcul des prix des composants

3.1.2 Coût des activités internes

Le calcul des quantités présenté Figure 3.4 est différent pour chaque activité. Ceci est dû au fait que chacune utilise une formule différente définie par le poste de travail (voir Chapitre 2.4). Nous détaillerons donc le calcul pour toutes ces activités.

❶ Temps de fabrication fixe : par définition, ce temps est fixe. La formule indique au système de prendre le nombre d'heures indiqué dans la gamme de fabrication sans tenir compte d'une autre information qui est de 0.33 heure.

❷ Temps machine : il est, lui, variable et proportionnel à la taille du lot. La formule convertit donc le temps alloué à cette activité dans la gamme de fabrication à la taille du lot.

```
Nombre d'heures = nombre d'heures dans la gamme /
quantité de base de la gamme × taille du lot = 42,35 heures /
1 000 SU × 5 SU = 0,212 heure.
```

❸ Temps Main d'oeuvre : il utilise quant à lui deux variables, le temps (comme le temps machine) ainsi que le nombre d'employés présents sur le poste de travail.

```
Nombre d'heures = nombre d'heures dans la gamme / quantité
de base de la gamme × taille du lot × nombre d'employés =
42,35 hrs / 1 000 SU × 5 × 2 = 0,423 hr
```

Il faut noter que :

▶ Cette activité n'a pas reçu de valeur dans la gamme de l'article, la formule ayant été paramétrée de telle sorte que le système utilise la valeur indiquée pour le temps machine.

▶ Le système offre la possibilité de paramétrer ses propres formules.

A	B	C ❶	D ❷	E ❸
	Activités internes	Temps de fabrication fixe	Temps machine	Temps main d'œuvre
CCR	taille du Lot	5	5	5
	UQ	SU	SU	SU
	Quantité de base	1000	1000	1000
	UQ	SU	SU	SU
Game de fabrication	Valeur standard	0,33	42,35	0
	unité	HRS	HRS	HRS
	Type d'activité	SETUP	MACHHR	DIRLAB
	Taux de rendement	001	001	001
	nombre de salaries	2	2	2
Poste de Travail	formule	Temps de changement * Fractionnements opé.	Temps machine * Qté de l'opération / Quantité de base	Temps machine * Qté de l'opération / Quantité de base * Crewing qty.
	Calcul tu temps	0,33	0,212	0,423

Figure 3.4 : Calcul du temps des activités

La valorisation s'effectue comme suit pour le temps de fabrication fixe (voir Figure 3.5, zone ❶) :

```
Quantités calculées précédemment          = 0,33 hr
Coût de l'activité du centre de coût       = 27,82 €
Coût de fabrication fixe = 0,33 hrs × 27,82 € = 9,18 €
```

Le coût budgété des centres de coûts peut être consulté dans le système en utilisant la transaction KP27. Les valeurs sont entrées à l'aide de la transaction KP26 (voir Chapitre 2.5).

Il s'agit du centre de coûts qui se trouve dans la fiche du poste de travail (voir Chapitre 2.4).

	Activités internes	Temps de fabrication fixe	Temps machine	Temps main d'œuvre
Poste de Travail	formule	Temps de changement * Fractionnements opé.	Temps machine * Qté de l'opération / Quantité de base	Temps machine * Qté de l'opération / Quantité de base * Crewing qty.
Activité du centre de coût	Calcul tu temps	• 0,33	• 0,212	• 0,423
	Unité de temps	HRS	HRS	HRS
	Unité	HRS	HRS	HRS
	Valeur	27,82	1	27,82
	Calcul du coût	❶ 9,18 €	0,21 €	11,77 €

Figure 3.5 : Calcul du coût des activités

3.1.3 Les coûts additionnels de frais généraux

Le système calcule les frais additionnels en utilisant un schéma, tel qu'il a été expliqué au Chapitre 2.6. Ces schémas étant paramétrables, ils peuvent être très différents d'une société à une autre. Celui que nous utiliserons est présenté en Figure 3.6.

Designation	lignes	base/Coût additionnel	par	à ligne	Taux de coût additionnels		Coûts additionnels
Main d'œuvre indirecte	10	ZAAA ❷			0,21 €		
Toute la main d'œuvre indirecte	20	ZAAD ❸			20,96 €		
total main d'œuvre	30	ZAAC ❹			21,17 €		
service logistique	40	Z001	10	10	1826,882 %		3,84 €
Ch.salariales de maintenance	50	Z002	20	20	75,252 %		15,77 €
Heures supplémentaires	60	Z003	30	50	4,561 %		1,86 €
Charges patronales	70	Z004	30	60	16,713 %		7,13 €
Fourniture de maintenance	90	Z005	10	10	1235,995 %		2,60 €
Fourniture de fabrication	100	Z006	20	20	1371,892 %		287,55 €
Energie	110	Z007	20	20	2105,31 %		441,27 €
Autres	120	Z008	10	10	8591,983 %		18,04 €

Schéma des coûts additionnels ❶

Figure 3.6 : Calcul des coûts additionnels : Schéma

❶ Les TAUX DE COÛT ADDITIONNELS sont entrés dans le système via la transaction KZZ2 (voir Chapitre 2.6.1).

La procédure est la suivante :

On applique les pourcentages sur une base (voir Chapitre 6.1.4) correspondant à un montant déjà calculé par le système pour l'élaboration du coût de revient. Elle peut soit être une base paramétrée, soit être un coût additionnel déjà calculé. Dans le schéma utilisé, nous avons trois bases paramétrées qui correspondent aux activités internes suivantes :

❷ Z$_{AAA}$ = temps machine.

❸ Z$_{AAD}$ = temps de fabrication fixe + temps main d'œuvre.

❹ Z$_{AAC}$ = l'ensemble des activités internes.

La ou les bases à utiliser par le système sont indiquées dans les colonnes PAR et À LIGNE.

Pour le service logistique, nous avons PAR = 10 et À LIGNE = 10.

Cela signifie que le système utilisera la base du coût additionnel de la ligne 10 (ou Z$_{AAA}$) pour une valeur de 0,21 €, ce qui correspond à la valeur calculée dans le CCR pour l'activité TEMPS MACHINE.

```
Le coût add. du service logistique = 0,21 € × 1 826,882 %
                                    = 3,84 €
```

Le schéma Figure 3.7 indique que trois coûts additionnels utilisent comme base le coût de main d'œuvre indirect, dont le calcul vient d'être expliqué.

Schéma des coûts additionnels

Designation	lignes	base/Coût additionnel	par	à ligne	Taux de coût additionnels		Coûts additionnels
Main d'œuvre indirecte	10	ZAAA				0,21 €	
Toute la main d'œuvre indirecte	20	ZAAD				20,96 €	
total main d'œuvre	30	ZAAC				21,17 €	
service logistique	40	Z001	10	10	1826,882	%	3,84 €
Ch.salariales de maintenance	50	Z002	20	20	75,252	%	15,77 €
Heures supplémentaires	60	Z003	30	50	4,561	%	1,86 €
Charges patronales	70	Z004	30	60	16,713	%	7,13 €
Fourniture de maintenance	90	Z005	10	10	1235,995	%	2,60 €
Fourniture de fabrication	100	Z006	20	20	1371,892	%	287,55 €
Energie	110	Z007	20	20	2105,31	%	441,27 €
Autres	120	Z008	10	10	8591,983	%	18,04 €

Figure 3.7 : Calcul des coûts additionnels (1)

Le calcul des charges salariales de maintenance présenté Figure 3.8 s'effectue ainsi :

```
Ch. salariales de maintenance = 20,96 € × 75,252 %
                              = 15,77 €
```

	Schéma des coûts additionnels							
Designation	lignes	base/Coût additionnel	par	à ligne	Taux de coût additionnels			Coûts additionnels
Main d'œuvre indirecte	10	ZAAA					0,21 €	
Toute la main d'œuvre indirecte	20	ZAAD					20,96 €	
total main d'œuvre	30	ZAAC					21,17 €	
service logistique	40	Z001	10	10	1826,882	%		3,84 €
Ch.salariales de maintenance	50	Z002	20	20	75,252	%		15,77 €
Heures supplémentaires	60	Z003	30	50	4,561	%		1,86 €
Charges patronales	70	Z004	30	60	16,713	%		7,13 €
Fourniture de maintenance	90	Z005	10	10	1235,995	%		2,60 €
Fourniture de fabrication	100	Z006	20	20	1371,092	%		287,55 €
Energie	110	Z007	20	20	2105,31	%		441,27 €
Autres	120	Z008	10	10	8591,983	%		18,04 €

Figure 3.8 : Calcul des coûts additionnels (2)

Le calcul des heures supplémentaires se fait à partir de trois bases, comme vous pouvez le voir Figure 3.9 :

▶ Z$_{AAC}$: total du coût des activités internes ;

▶ Z001 : coût de service logistique ;

▶ Z002 : coût des charges salariales dû à la maintenance.

Ceci s'explique par le fait que le schéma indique au système de prendre une fourchette de base [30-50] et non plus une seule base.

Le calcul s'effectue ainsi :

```
(21,17 € + 3,84 € + 15,77 €) × 4,561 % = 1,86 €
```

Schéma des coûts additionnels							
Designation	lignes	base/Coût additionnel	par	à ligne	Taux de coût additionnels		Coûts additionnels
Main d'œuvre indirecte	10	ZAAA				0,21 €	
Toute la main d'œuvre indirecte	20	ZAAD				20,96 €	
total main d'œuvre	30	ZAAC				21,17 €	
service logistique	40	Z001	10	10	1826,882 %		3,84 €
Ch.salariales de maintenance	50	Z002	20	20	75,252 %		15,77 €
Heures supplémentaires	60	Z003	30	50	4,561 %		1,86 €
Charges patronales	70	Z004	30	60	16,713 %		7,13 €
Fourniture de maintenance	90	Z005	10	10	1235,995 %		2,60 €
Fourniture de fabrication	100	Z006	20	20	1371,892 %		287,55 €
Energie	110	Z007	20	20	2105,31 %		441,27 €
Autres	120	Z008	10	10	8591,983 %		18,04 €

Figure 3.9 : Calcul des coûts additionnels (3)

Les charges patronales se calculent à partir de quatre bases, comme sur la Figure 3.10 :

▶ Z_{AAC} : total du coût des activités internes ;

▶ Z001 : coût de service logistique ;

▶ Z002 : coût des charges salariales dû à la maintenance ;

▶ Z003 : coût des heures supplémentaires.

Ceci s'explique par le fait que le schéma indique au système de prendre une fourchette de base [30-60].

Le calcul s'effectue ainsi :

$$(21,17 \text{ €} + 3,84 \text{ €} + 15,77 \text{ €} + 1,86 \text{ €}) \times 16,713 \text{ %} = 7,13 \text{ €}$$

Schéma des coûts additionnels							
Designation	lignes	base/Coût additionnel	par	à ligne	Taux de coût additionnels		Coûts additionnels
Main d'œuvre indirecte	10	ZAAA				0,21 €	
Toute la main d'œuvre indirecte	20	ZAAD				20,96 €	
total main d'œuvre	30	ZAAC				21,17 €	
service logistique	40	Z001	10	10	1826,882 %		3,84 €
Ch.salariales de maintenance	50	Z002	20	20	75,252 %		15,77 €
Heures supplémentaires	60	Z003	30	50	4,561 %		1,86 €
Charges patronales	70	Z004	30	60	16,713 %		7,13 €
Fourniture de maintenance	90	Z005	10	10	1235,995 %		2,60 €
Fourniture de fabrication	100	Z006	20	20	1371,892 %		287,55 €
Energie	110	Z007	20	20	2105,31 %		441,27 €
Autres	120	Z008	10	10	8591,983 %		18,04 €

Figure 3.10 : Calcul des coûts additionnels (4)

3.2 Article sous-traité

Il s'agit d'un article qui n'est pas fabriqué au sein de l'entreprise, mais en sous-traitance.

Le coût des articles sous-traités se compose :

▶ Du coût de ses composants : tout comme pour les articles fabriqués (voir Chapitre 3.1.1), le système utilise les composants de la nomenclature de l'article.

▶ Du coût du service de sous-traitance : généralement, le coût de ce service a été négocié avec l'entreprise sous-traitante et est stocké dans une fiche infos-achats (voir Chapitre 2.8). Le système met à notre disposition plusieurs types de fiches infos-achats dont un propre à la sous-traitance, comme illustré Figure 3.11, zone ❶. Nous utiliserons cette méthode dans notre exemple.

Figure 3.11 : Fiche infos-achats : Sélection Sous-traitance

Coût de la sous-traitance

! Pour pouvoir utiliser le coût du service de sous-traitance stocké dans une fiche infos-achats, il faut que le système soit paramétré en conséquence, ce qui s'effectue au sein la transaction OKK4 (voir Chapitre 6.2.12 et Figure 3.12).

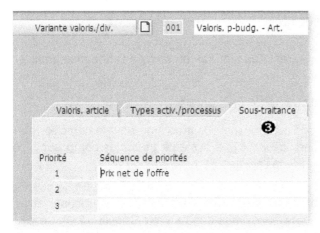

Figure 3.12 : Transaction OKK4 : Paramétrage pour la sous-traitance

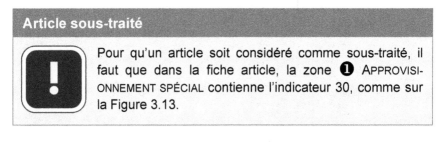

Article sous-traité

Pour qu'un article soit considéré comme sous-traité, il faut que dans la fiche article, la zone ❶ APPROVISI-ONNEMENT SPÉCIAL contienne l'indicateur 30, comme sur la Figure 3.13.

Figure 3.13 : Fiche article : Onglet MRP 2 : Approvisionnement spécial = 30

> ## Reprenons l'exemple de l'article précédemment fabriqué (voir Chapitre 3.1)
>
> La société pour laquelle nous œuvrons a décidé de sous-traiter ce produit en externe. La nomenclature est identique tandis que la gamme de fabrication et les coûts additionnels des frais généraux ont été remplacés par le coût du service de sous-traitance.
>
> Au niveau du système, nous n'utiliserons plus un ordre de fabrication, mais un ordre d'achat propre aux opérations de sous-traitance. C'est pour cette raison que le coût du service est stocké dans une fiche infos-achats.
>
> Nous fournirons les composants nécessaires à la fabrication de cet article. Nous utilisons ainsi notre propre nomenclature afin de valoriser l'article.

Transaction CK11N

article	Produit Fini 001
Division	001
Taille du Lot du CCR	5 SU

Ressource (texte)	Valeur globale	Quantité	Unité de qté produite
Produit semi-fini	1 254,73 €	1 060,762	KG
Matière première 01	127,24 €	5	UNI
Matière première 02	2,67 €	5	UNI
Matière première 03			
Matière première 04	0,22 €	5	UNI
Matière première 05	2,47 €	10	UNI
Matière première 06	35,92 €	2	UNI
Coût des articles	1 423,25 €		
FR0001 53006844940 OAFR	740,00 €		
Sous-traitance	740,00 €		
Total	2 163,25 €		

Figure 3.14 : Valorisation du produit sous-traité

Le coût de la sous-traitance est de 740 €. Ce coût provient de la fiche infos-achats 53006844940 de l'organisation d'achat OAFR et concerne le fournisseur FR0001 (voir Figure 3.14).

3.3   Article en provenance d'une autre division

Il s'agit d'un article provenant d'une autre division au sein de la société. Son coût se compose du coût de revient de l'article dans la division qui approvisionne. Le système effectuera la conversion si les deux divisions utilisent des devises différentes.

La stratégie de reprise du coût dépend du paramétrage système au sein de la transaction OKKM (voir Chapitre 6.2.15).

Paramétrage de la stratégie de reprise inter-division

 L'exemple Figure 3.15 présente une stratégie possible. Le paramétrage indique au système qu'il doit prendre en priorité le CCR budgété futur. Si celui-ci n'est pas disponible, le système retiendra alors l'actuel et, en dernier recours, l'ancien. Ces trois concepts (futur, actuel, ancien) seront vus plus en détail au Chapitre 4.1.

Commde de reprise		PC01	Reprise lors chang. div.

relatif div.	inter-divisions

Séq. priorités	Ex. comptable	Périodes	Variante de CCR
CCR budgété futur	☑		
CCR budgété actuel	☐		
Ancien CCR budgété	☐		

Figure 3.15 : Transaction OKKM : Stratégie de reprise inter-divisions

La stratégie de conversion des devises dépend également du para-métrage système.

La transaction OKYD (voir Chapitre 6.2.8, Paragraphe « Version de CCR OKYD ») permet d'indiquer au système un type de cours spécifique pour le calcul du coût de revient des articles.

La transaction OKYD, configurée pour utiliser le type de cours M (le taux moyen du mois), est illustrée en ❶ Figure 3.16.

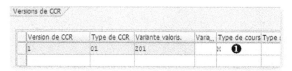

Figure 3.16 : Transaction OKYD : Type de cours M

L'ajout d'autres coûts (comme le transport entre les deux divisions et la marge que l'entreprise veut attribuer à la division d'où provient l'article) dépend de la politique de valorisation de la société.

3.3.1 Valorisation des frais de transport et de la marge à l'aide de la méthode des coûts additionnels

Approvisionnement entre unités d'un même groupe

La société possède une unité de fabrication en Hongrie (Division 002) qui approvisionne en produits semi-finis une unité de fabrication située en Allemagne (Division 003). Chacune de ces divisions utilise sa monnaie locale afin de valoriser ses coûts de revient.

Coût de revient calculé dans la division 003 basé sur l'article fabriqué dans la division 002 (Figure 3.17)

Transaction CK11N			
article	Produit Semi-Fini 002		
Division	003		
Taille du Lot du CCR	1000 KG		

Ressource (texte)	Valeur globale	Quantité	Unité de quantité produite
Frais de transport	243,20 €	1,000	KG
Marge	1 033,60 €	1,000	KG
poste variable	1 276,80 €		
Div. 003 Produit Semi-Fini 002	6 077,62 €	1 000,000	KG
article	6 077,62 €		
	7 354,42 €		

Figure 3.17 : Valorisation de l'article dans la division 003

Valorisation du produit semi-fini dans la division 002 (Figure 3.18)

Transaction CK11N			
article	Produit Semi-Fini 002		
Division	002		
Taille du Lot du CCR	1000 KG		
Clé de coûts additionnels	CC2		

Ressource (texte)	Valeur globale	Devise	Quantité	Unité de qté
Matière première 10	1 369 473	HUF	1 319,300	KG
Matière première 11	155 752	HUF	154,21	M
Matière première 12	6 203	HUF	2,860	ZPL
Coût des articles	1 531 428	HUF		
service logistique	4 491	HUF	0,000	
Charges salariales maintenance	45 901	HUF	0,000	
Heures supplémentaires	38 295	HUF	0,000	
Charges patronales	9 432	HUF	0,000	
Fourniture de maintenance	50 973	HUF	0,000	
Fourniture de fabrication	109 106	HUF	0,000	
Energie	1 699	HUF	0,000	
Coût additionnel de frais générau	259 897	HUF		
Slitting - Laminates	0	HUF	0,0	HRS
Slitting - Laminates	13 756	HUF	42,720	HRS
Slitting - Laminates	83 847	HUF	81,168	HRS
Slitting - Laminates	0	HUF	0,0	HRS
Activité interne	97 603	HUF		
Total	1 888 928	HUF		

Figure 3.18 : Valorisation de l'article : Exemple 1

Table de conversion des devises (Figure 3.19)

▶ Le dollar étant l'unité monétaire principale de la société, le système est paramétré de façon à toujours utiliser cette devise durant une conversion. Cela permet de réduire les opérations à effectuer sur la table.

▶ La taille du lot et l'unité de mesure sont les mêmes dans les deux divisions, il n'est donc pas nécessaire de les convertir. Il suffit de convertir le coût de revient HUF en euro.

▶ Le système effectue les conversions de devises comme suit :

```
(1 888 928 HUF × 3,37838) / 1 000   = 6 381,51658 USD
6 381,51658 SD / 1,05               = 6 077,62 Euros
```

Type	From	To	Valid from	Exch.rate	Factor (from)	Factor (to)	F
P	EUR	USD	01/01/2016	1.05000	1	1	
P	HUF	USD	01/01/2016	3.37838	1,000	1	

Figure 3.19 : Transaction Y_GCD_19000001 : Table de conversion des devises

▶ Les frais variables (frais de transport et de marge) sont entrés directement dans le système, comme illustré Figure 3.20.

C	Quantité	Un	I	Valeur - totale	Description	Prix - total	Base	Nat. compt.	Elémen	
V	1.000	KG		243.20	Frais de transport	243.20	1	64152000	17	
V	1.000	KG		1,033.60	marge	1,033.60	1	64151000	15	

Figure 3.20 : Transaction CK74N : Saisie des coûts additionnels

3.3.2 Valorisation des frais de transport et de la marge à l'aide de la méthode de groupe de frais généraux (pourcentages)

Comme pour les articles fabriqués, un schéma sélectionné peut servir à ajouter des coûts additionnels à un article acheté (voir Chapitre 2.6.1). En principe, il faudra des schémas différents suivant si l'article est fabriqué ou acheté étant donné que les coûts ajoutés seront de nature différente. On n'affectera par exemple pas de coût de fabrication à un article acheté.

Paramétrage pour l'utilisation des schémas

 Ce paramétrage s'effectue via la transaction OKK4 (voir Chapitre 6.2.12).

Le premier schéma de calcul correspond aux articles fabriqués et le deuxième aux articles achetés.

Comme vous pouvez le voir Figure 3.21, si la zone ❶ MAJOR. CTS ADDIT. POUR ARTICLES SOUS-TRAITÉS est activée, le système nous permettra d'appliquer le schéma de calcul des articles achetés également pour les articles sous-traités.

Figure 3.21 : Transaction OKK4

Une fois le paramétrage effectué, il faudra :

► entrer dans la fiche client le groupe de frais généraux (voir Chapitre 2.1.4, Paragraphe « Groupe de frais généraux – CCR 1 – MBEW-KOSGR ») ;

► entrer les pourcentages dans la table des coûts additionnels comme sur la Figure 3.22.

Taux de la table KZZ2	
Frais de transport	4%
Marge	17%

Figure 3.22 : Transaction KZZ2

Le coût présenté Figure 3.23 se décompose ainsi :

```
Coût de l'article expliqué précédemment  = 6 077,62 €
Frais de transport : 6 077,62 € × 4 %    =   243,10 €
Marge : 6 077,62 € × 17 %                = 1 033,20 €
```

Transaction CK11N	
article	Produit Semi-Fini 002
Division	003
Taille du Lot du CCR	1000 KG
Goupe de frais généraux	GR1

Ressource (texte)	Valeur globale	Quantité	Unité de quantité produite
EOP616B FS 350X150 M039	6 077,62 €	1 000,000	KG
article	6 077,62 €		
Frais de transport	243,10 €	1,000	KG
Marge	1 033,20 €	1,000	KG
coût additionnel de frais generaux	1 276,30 €		
	7 353,92 €		

Figure 3.23 : Valorisation de l'article : Exemple 2

3.3.3 Valorisation des frais de transport et de marge à l'aide de la méthode de groupe de frais généraux (montant proportionnel à la taille du lot)

Cette méthode se rapproche du Chapitre 3.3.2, exception faite que, cette fois-ci, on n'utilise pas un pourcentage mais un montant fixe. Les explications données dans le chapitre précédent sur la transaction OKK4 et la zone « Groupe de frais généraux » valent également pour cette méthode. La seule différence réside dans le fait qu'il faudra mettre à jour la transaction KZM2 (voir Chapitre 2.6.2) et non plus la transaction KZZ2 (voir Chapitre 2.6.1).

Les coûts additionnels dont nous nous sommes servis pour notre exemple sont présentés Figure 3.24 :

Taux de la table KZM2	montant	unité	par	UQ
Frais de transport	24,31	EUR	100	KG
Marge	103,32	EUR	100	KG

Figure 3.24 : Transaction KZM2 : Prix par rapport à une quantité

Le coût de revient du produit semi-fini dans la division 002 se décompose ainsi (voir Figure 3.25) :

```
Le coût de l'art. expliqué précédemment   =  6 077,62 €
Fr. de trps :(24,31 / 100 KG × 1 000 KG)  =    243,10 €
Marge :     (103,32 / 100 KG × 1 000 KG)  =  1 033,20 €
```

Étant donné que nous avons entré des coûts de frais de transport et de marge pour 100 KG via la transaction KZM2 comme montré Figure 3.24, il faut donc convertir ces valeurs au prorata de la taille du lot.

Transaction CK11N			
article	Produit Semi-Fini 002		
Division	003		
Taille du Lot du CCR	1000 KG		
Goupe de frais généraux	GR1		

Ressource (texte)	Valeur globale	Quantité	Unité de quantité produite
EOP616B FS 350X150 M039	6 077,62 €	1 000,000	KG
article	6 077,62 €		
Frais de transport	243,10 €	1,000	KG
Marge	1 033,20 €	1,000	KG
coût additionnel de frais generaux	1 276,30 €		
	7 353,92 €		

Figure 3.25 : Valorisation de l'article : Exemple 3

Méthodes de valorisation

 Les Figure 3.24 et Figure 3.25 sont identiques bien que le mode de calcul des frais de transport et de la marge soit différent.

3.4   Article acheté à un fournisseur externe

Il s'agit d'un article acheté à un fournisseur externe à la société. Cela peut également représenter un article en provenance d'une autre division de l'entreprise dont le système en place ne communique pas avec celui de la division où l'on souhaite calculer le coût de revient.

Le coût des articles sous-traités se compose principalement du prix d'achat de l'article auquel peut être ajouté d'autres frais, comme les frais de transport. Il revient à chaque société d'inclure l'ensemble des coûts qui lui semblent judicieux dans le calcul du coût de revient des articles achetés. Cette règle s'applique d'ailleurs aux autres catégories d'articles vues précédemment.

3.4.1   Utilisation des zones de prix budgétés de la fiche article pour indiquer le prix d'achat de l'article

Référez-vous au Chapitre 2.1.5, Paragraphe « Prix budgété 1 / Date prix budgété 1 – CCR 2 – MBEW-ZPLP1/ZPLP1 ».

La fiche article contient les informations suivantes :

❶ une unité de mesure qui est le kilogramme, comme sur la Figure 3.26 ;

❷ un prix d'achat de 1 255,63 € valable à partir du 1er janvier 2016 ;

❸ une base de prix de 500 kg (voir Figure 3.27).

Cet article coûte ainsi 1 255,63 € pour 500 kg.

La période en cours étant octobre 2016, notre prix d'achat est donc valable.

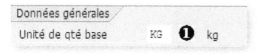

Figure 3.26 : Fiche article : Onglet CCR 1 : Unité de base

Prix pré-budgétés			
Prix budgété 1	1,255.63 ❷	Date prix budgété 1	01/01/2016
Prix budgété 2		Date prix budgété 2	
Prix budgété 3		Date prix budgété 3	

Données de valorisation			
Classe valorisation	Z001		
Cl.valor.stk cde cl.		Classe val.stk proj.	
Code prix	V	Période en crs	10 2016
Base de prix	500 ❸	Devise	EUR

Figure 3.27 : Fiche article : Onglet CCR 2 : Prix budgété 1

Le coût de revient présenté Figure 3.28 se décompose ainsi :

```
Coût de revient = 1 255,63 € × 1 000 KG / 500 KG
               = 2 511,26 €
Coût de revient = P. budgété × Taille du Lot / Base de prix
```

Ajout de coûts supplémentaires

Il est possible d'ajouter des coûts supplémentaires en utilisant les méthodes de coûts additionnels de la même manière que pour les articles en provenance d'une autre division (voir Chapitre 3.3).

Transaction CK11N	
article	Produit acheté 001
Division	003
Taille du Lot du CCR	1000 KG
Goupe de frais généraux	GR1

Ressource (texte)	Valeur globale	Quantité	unité
Produit acheté 001 5300000025	2 511,26 €	1 000,000 €	KG
	2 511,26 €		
	2 511,26 €		

Figure 3.28 : Valorisation de l'article : Exemple 1

3.4.2   Utilisation de la fiche infos-achats

Référez-vous au Chapitre 2.8.

La fiche infos-achats nous fournit le prix d'achat de l'article.

Fiche Infos-achats MM13	
Fournisseur	Legrand
Article	Produit acheté 001
Organis. Achats	OADE
Division	3
Infos-achats	5300000025
Type de fiche infos-achats	Standard
Prix achat net	1 300.00 €
Quantités	500 KG

Figure 3.29 : La fiche infos-achats

Le coût de revient de l'article se décompose ainsi :

```
Coût de revient = 1 300 € × 1 000 KG / 500 KG = 2 600 €
Coût de revient = Prix achat net de la fiche infos-achats ×
Taille du Lot / Base de prix
```

Ajout de coûts supplémentaires

Il est possible d'ajouter des coûts supplémentaires en utilisant les méthodes de coûts additionnels de la même manière que pour les articles en provenance d'une autre division (voir Chapitre 3.3).

Options de paramétrage

La transaction de paramétrage OKK4 (voir Chapitre 6.2.12) offre un grand choix de méthodes de valorisation des articles achetés.

83

4 Transactions pour le CCR

Dans ce chapitre, nous étudierons les transactions mises à notre disposition afin de valoriser le coût de revient d'un ou des articles ainsi que les différentes étapes à suivre pour que le coût de revient calculé soit utilisé par le système.

4.1 Étapes de validation du coût de revient

Trois étapes sont nécessaires afin de valider un coût de revient.

4.1.1 Étape 1 : Calcul du coût de revient

Cette étape s'effectue en utilisant la transaction CK11N (voir Chapitre 4.2). Elle est réalisée lorsque l'on veut valoriser un nouvel article ou modifier la valorisation d'un article déjà existant. Il faut considérer cette étape comme un essai : on tente plusieurs fois de valoriser l'article jusqu'à ce que le système ne génère plus de message d'erreur et que l'utilisateur estime que le coût de revient calculé est correct.

Tant que l'utilisateur n'est pas satisfait du coût calculé, il n'est pas nécessaire de le sauvegarder. Ce coût provisoire sera enregistré par le système pour être repris durant l'étape suivante. L'utilisateur peut cependant sauvegarder une version non définitive s'il le souhaite.

Dans une même période, cette étape peut s'effectuer autant de fois que nécessaire, le but étant de s'assurer que le coût de revient calculé est correct avant de passer à l'étape suivante. Deux outils sont à notre disposition pour contrôler cela :

Le protocole d'erreurs : le système nous informe des anomalies qu'il a détectées sous forme de messages d'erreurs. Ces messages vont nous indiquer ce que j'appelle des erreurs de premier niveau. Si, par exemple, la fiche article précise que l'article est un produit fabriqué et que le coût de revient ne comporte pas de coûts d'activités internes, le système nous signalera alors ne pas avoir détecté de gamme de fabrication pour cet article. Bien évidemment, si le système a calculé un coût de revient à

152 € alors qu'il devrait être de 267 €, un message d'erreur ne sera pas généré. C'est ce que j'appelle une erreur de deuxième niveau : elle ne peut être détectée que par l'utilisateur.

La vérification par l'utilisateur : avant de valider la transaction, l'utilisateur peut avoir accès au détail du calcul ainsi qu'aux différents éléments du système intervenant dans la construction du coût (fiche article, nomenclature, gamme de fabrication, etc.). L'utilisateur expérimenté, connaissant à la fois le système et le coût des articles dont il a la responsabilité, pourra vérifier la cohérence du coût total, des heures de main d'œuvre, etc.

Il faut comprendre que le coût de revient d'un article se calcule au niveau de la division. Pour un même article dans deux divisions différentes, le coût de revient sera calculé différemment en fonction des données propres à chacune. Un même article peut être un produit fabriqué dans une division, mais être considéré comme un produit sous-traité ou acheté dans une autre.

Lorsque le coût de revient provisoire a été enregistré, il peut être consulté à l'aide des transactions CK13N ou CK82.

Incidence sur la fiche article

Après le calcul du coût de revient avec la transaction CK11N, la fiche article ne contiendra aucune information concernant le coût de revient calculé et enregistré par le système.

Incidence sur le statut de calcul du CR

Le système affecte un statut de calcul du CR au coût de revient pour indiquer à quelle étape du processus de validation il se situe, comme vous pouvez le voir Tableau 4.1 : Liste des statuts de calcul du CR.

À ce stade, le système peut affecter l'un de ces statuts :

- ▶ KA soit Calcul sans erreur ;
- ▶ KF soit Calcul avec erreurs.

Statut	Description
ER	Ouvert
SE	Sélection sans erreur
SF	Sélection avec erreurs
KA	Calcul sans erreur
KF	Calcul avec erreurs
VO	Témoin sans erreur
VF	Repéré avec erreurs
FR	Lancé sans erreur
FF	Lancé avec erreurs
FM	Lancement via Imputation de ledger articles

Tableau 4.1 : Liste des statuts de calcul du CR

Passage à l'étape suivante

À mon sens, avec la transaction CK11N, il est possible de sauvegarder un coût de revient avec le statut KF, mais il ne faudra passer à l'étape 2 du processus de validation que lorsque le statut du coût de revient sera KA (Calcul sans erreur).

4.1.2 Étape 2 : Repérage du coût de revient

Ce repérage s'effectue à l'aide de la transaction CK24, comme il sera expliqué au Chapitre 4.3. En principe, si la logique du système a été bien assimilée, il ne s'effectue qu'une seule fois. Pendant cette étape, on indique au système que le coût de revient calculé à l'étape précédente est validé (voir Chapitre 4.1.1). C'est ce même coût de revient que l'on a vérifié, considéré comme étant correct et pré-validé. En quelque sorte, le système reçoit l'ordre de réserver ce coût précédemment calculé (puisqu'il est correct) et de l'utiliser lors de la validation.

Cette étape permet de conserver un coût de revient qui pourra être validé immédiatement ou plus tard.

Calcul du CCR sur deux années

Nous sommes en décembre 2016. Nous voulons mettre à jour le coût de revient d'un article pour l'année 2017. Pour cela, nous utilisons la transaction CK11N pour calculer le coût de revient de 2017. Nous avons pris soin d'utiliser comme date de début et de fin de calcul du 1er janvier 2017 au 31 décembre 2017.

Durant le mois de décembre 2016, nous pouvons effectuer les étapes 1 et 2, mais nous ne pourrons effectuer l'étape 3 qu'au 1er janvier 2017. Cela est dû au fait que, dans le système, la période de janvier 2017 n'est pas encore ouverte. Le système a donc besoin d'enregistrer ces coûts calculés en 2016 avant de pouvoir les valider en 2017.

Incidence sur la fiche article

Après avoir effectué l'étape 2 dite de repérage avec la transaction CK24, la fiche article contiendra le coût calculé lors de la première étape. Il est considéré comme le futur coût de revient (voir Figure 4.1, zone ❶).

Calcul du coût de revient budgété					
Calcul du C.R.		Futur	En cours		Passé
Période / Exercice	10	2016	0		0
Prix budgété	6.08	❶	0.00		0.00
Prix standard			0.00		

Figure 4.1 : Fiche article : Onglet CCR 2 : Futur prix budgété

Incidence sur le statut de calcul du CR

À ce stade, le système peut affecter l'un de ces statuts :

▸ VO soit Témoin sans erreur ;

▸ VF soit Repéré avec erreurs.

Passage à l'étape suivante

Le système n'acceptera pas de passer à l'étape suivante si le calcul contient un message d'erreur.

4.1.3 Étape 3 : Lancement du coût de revient

Cette étape s'effectue également en utilisant la transaction CK24. Suite à ce lancement, le coût de revient sera validé par le système. Cette opération ne pourra s'effectuer que lorsque nous serons dans la période comprise entre les dates de début et de fin de période choisies lors de la création du coût de revient, effectuée avec la transaction CK11N lors de l'étape 1 (voir Chapitre 4.1.1).

Incidence sur la fiche article

Lors de la validation, le système a transféré le coût de revient de la colonne FUTUR à la colonne EN COURS, comme illustré Figure 4.2, zone ❶.

Figure 4.2 : Fiche article : Onglet CCR 2 : En cours

4.1.4 Exemple détaillé

Le service achat nous indique que le prix d'achat de notre article est maintenant de 85 € alors qu'il était précédemment de 82,96 € ❷ depuis janvier 2016 (voir Figure 4.3).

Nous mettons à jour la fiche article avec ce nouveau prix de 85 € , considéré comme le nouveau coût de revient de l'article. Le prix d'achat inclut les frais de transport.

Figure 4.3 : Fiche article : Ancien Prix = 82, 96 €

Calcul du coût de revient (transaction CK11N)

La fiche article n'est pas mise à jour.

Un coût de revient avec le statut KA (Calcul sans erreur) est créé dans le système.

Repérage du coût de revient (transaction CK24)

La fiche article est mise à jour, comme vous pouvez le voir Figure 4.4, zone ❶.

Figure 4.4 : Fiche article : Futur prix = 85 €

Le statut du coût de revient est mis à jour dans le système. Il a maintenant le statut VO (Témoin sans erreur) comme sur la Figure 4.5.

Figure 4.5 : Transaction CK24 : Statut VO

La fiche article est mise à jour (transaction CK24)

Le prix de la zone Futur a été transféré dans le prix de la colonne En cours qui, à son tour, a été transféré dans le prix de la zone Passé (voir Figure 4.6).

Figure 4.6 : Fiche article : Transfert des prix

Le statut du coût de revient est mis à jour dans le système. Il a maintenant le statut FR (Lancé sans erreur) comme indiqué sur la Figure 4.7.

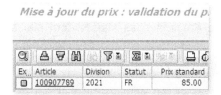

Figure 4.7 : Transaction CK24 : Statut FR

> **Ouverture des périodes dans le système**
>
> Pour pouvoir effectuer l'étape 3, la période doit être ouverte dans le système. Cette étape s'effectue au sein des transactions MMPV et OB52.

Dans notre exemple, la période en cours dans la fiche client est la période 10/2016 (voir Figure 4.8, zone ❶).

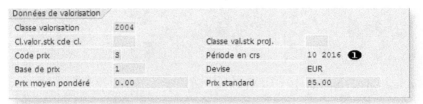

Figure 4.8 : Fiche article : Période en cours

Impact comptable

Si le code de prix dans la fiche article est S pour une valorisation de l'inventaire au coût Standard (voir Chapitre 2.1.5, Paragraphe « Code prix – CCR 2 – MBEW-VPRSV »), l'étape 3 générera alors une revalorisation de l'inventaire ce qui se répercutera sur le bilan et le compte de résultat. En principe, le paramétrage standard du système exclut la revalorisation des stocks classifiés comme étant spéciaux.

4.1.5 Statuts dans la fiche article

Ce sont les statuts de la fiche article qui indiquent si un article peut être utilisé. Il appartient à chaque société de définir les statuts dont elle a besoin.

Paramétrage des statuts de la fiche article

Ces statuts se paramètrent au sein de la transaction OMS4.

Le statut article ADV

Les statuts appliqués dans la zone ❶ de la Figure 4.9 ont pour but de réglementer l'utilisation de l'article au niveau de la division, l'organisation commerciale et le canal de distribution dans le domaine de l'administration des ventes. Il règlementera entre autres la création des commandes clients.

Figure 4.9 : Fiche article : Onglet ADV org. comm.1 : Statut article ADV

Le statut article dans la division

Référez-vous au Chapitre 2.1.4, Paragraphe « Statut article par division – CCR 1 – MARC-MMSTA ».

4.2   Transaction CK11N

Dans le chapitre précédent, Chapitre 4.1, nous avons expliqué les différentes étapes pour la validation d'un coût de revient. Nous analyserons maintenant en détail l'utilisation de la transaction CK11N, servant essentiellement à valoriser une faible quantité d'articles. En revanche, lorsqu'il s'agit de valoriser un grand nombre d'articles, la transaction CK40N sera préférable, comme nous le verrons au Chapitre 4.4.

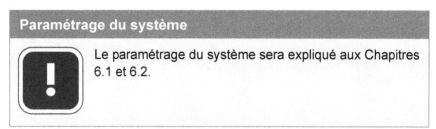

Paramétrage du système

Le paramétrage du système sera expliqué aux Chapitres 6.1 et 6.2.

Les exemples de ce chapitre se basent sur une valorisation des coûts utilisant une structure de quantités.

4.2.1 Données de CCR

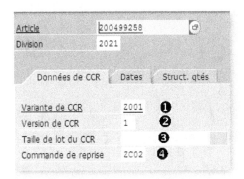

Figure 4.10 : Transaction CK11N : Onglet Données de CCR

Variante de CCR

La zone ❶ de la Figure 4.10 indique au système comment valoriser le coût de revient :

▶ Pour un article fabriqué, la variante indiquera entre autres quel schéma sera employé pour valoriser les coûts additionnels de frais généraux.

▶ Pour un article acheté, la variante indiquera la règle de détermination du coût d'achat. Utilise-t-on le montant entré dans la fiche article ou le montant provenant de la fiche infos-achats ?

Cette zone précise également au système les dates à appliquer dans l'onglet DATES (voir Chapitre 4.2.2).

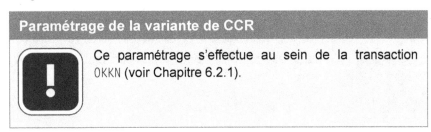

Paramétrage de la variante de CCR

Ce paramétrage s'effectue au sein de la transaction OKKN (voir Chapitre 6.2.1).

Version de CCR

La zone ❷ de la Figure 4.10 indique au système le numéro de version du coût de revient. En principe, la version 1 est toujours adoptée, mais il peut être intéressant d'en utiliser plusieurs si l'on veut comparer les valeurs calculées en modifiant tel ou tel paramètre. La Figure 4.11 présente un exemple avec deux versions.

```
Article
Var. CCR  Date CCR   Sta. Version P   Taille de lot        Totalité

200499258
Z001      10/01/2016 KA     2 X        1,000.000          3,509.45
Z001      10/01/2016 KA     1 X        1,000.000          3,359.45
```

Figure 4.11 : Transaction CK82 : Exemple de valorisation du CCR avec deux versions

Taille de lot du CCR

La zone ❸ de la Figure 4.10 ne se complète que si l'on veut utiliser une taille de lot différente de celle entrée dans la fiche article. Si elle est laissée vide, le système prendra la taille de lot de la fiche article (voir Chapitre 2.1.4, « Paragraphe Taille du lot du CCR – CCR 1 – MARC-SOBSK »).

Commande de reprise

La zone ❹ de la Figure 4.10 sert lorsque l'on valorise un coût de revient avec structure. Cela permet au système de comprendre si les données constituant le coût de revient peuvent être utilisées telles quelles ou si elles doivent être recalculées.

▶ Pour un article fabriqué, la variante indiquera si le système doit calculer le coût des composants de la nomenclature ou utiliser un coût de revient existant et, si oui, lequel.

▶ Pour un article provenant d'une autre division, la variante indiquera également si le système doit recalculer le coût de revient de l'article dans la division d'origine ou utiliser un coût de revient existant et, si oui, lequel.

Paramétrage de la commande de reprise

Ce paramétrage s'effectue au sein de la transaction OKKM (voir 6.2.15).

4.2.2 Dates

Figure 4.12 : Transaction CK11N : Onglet Dates

Les dates suivantes sont déterminées par la variante de CCR (voir Chapitre 4.2.1).

❶ et ❷ DE LA DATE DE CALCUL – À LA DATE DE CALCUL : une fourchette de dates indiquant la période de validité du coût de revient.

❸ DATE D'ÉCLATEMENT : la date à laquelle les données sont sélectionnées pour le calcul du coût de revient.

❹ DATE DE VALORISATION : la date à laquelle a lieu la valorisation de l'article.

Grâce au choix des dates, le calcul d'un coût de revient peut se préparer à l'avance et sa validation peut s'effectuer plus tard.

Calcul du CCR avec date au 1er janvier de l'année suivante

Nous sommes en octobre 2016.

Nous avons mis à jour la nomenclature et la gamme de l'article pour l'année 2017 avec comme date de début de validité le 1er janvier 2017.

Dans CK11N, nous indiquons :

▶ Date de calcul [du 01/01/2017 au 12/31/2017]

▶ Dates d'éclatement et de valorisation le 01/01/2017.

Nous pourrons effectuer les étapes 1 et 2 de l'élaboration du coût de revient en octobre 2016, mais l'étape 3 de valorisation ne pourra s'effectuer qu'à la date du 01/01/2017.

Le système utilisera les nomenclature et gamme valables au 01/01/2017 et non pas celles qui sont valables en octobre 2016.

Paramétrage des dates

Ce paramétrage s'effectue au sein de la transaction OKKN (voir Chapitre 6.2.1).

4.2.3 Structure des quantités

| Article | 200499258 | Semi-fini 0005 |
| Division | 2021 | |

Données de CCR   Dates   Struct. qtés

Données de nomenclature	Données de gamme
Nomenclature	Type de gamme
Utilisation	Grpe de gammes
Alternative	Cpteur grpe gammes

Version de fabricat.

Figure 4.13 : Transaction CK11N : Onglet Struct. qtés

Les zones de l'onglet STRUCTURE DES QUANTITÉS sont vides au moment où on les consulte, mais le système utilisera la nomenclature et la gamme de la version de fabrication 001 (voir Chapitre 2.1.3, « Paragraphe Code de version – MRP 4 – MARC-VERKZ »). Si l'on veut choisir une autre version ou une autre nomenclature ou gamme, il faudra mettre à jour ces zones. En principe, si les versions de fabrication sont bien référencées dans le système, il suffira d'indiquer la version de fabrication voulue, le système déterminera de lui-même les nomenclature et gamme convenant.

Une fois le calcul effectué, la transaction CK11N nous fournit un certain nombre d'informations nous permettant de valider l'exactitude du coût de revient (voir Chapitres 4.2.4, 4.2.5 et 4.2.6).

4.2.4 Onglets d'information générale

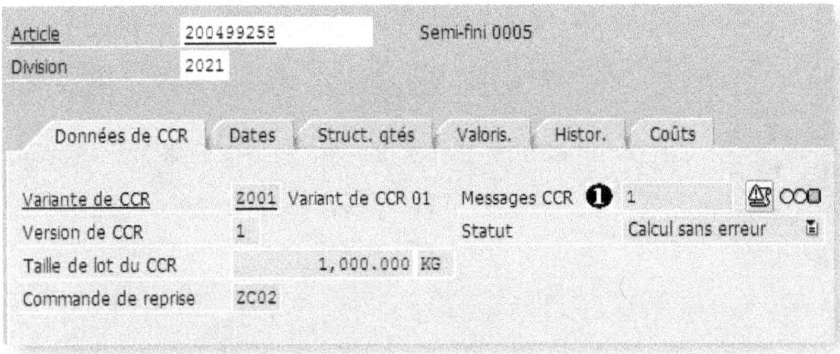

Figure 4.14 : Transaction CK11N : Onglets d'information générale

Les onglets illustrés Figure 4.14 nous indiquent quelles informations ont été utilisées par le système pour calculer le coût de revient. Ils nous précisent également si le système a généré des messages d'erreur et le statut actuel du CCR calculé.

L'indicateur de message est vert ❶, ce qui signifie que le système n'a pas repéré d'erreurs et le statut est KA (Calcul sans erreur). Référez-vous au Tableau 4.1 pour un rappel des différents statuts.

4.2.5 « Vue Justificatif »

Il s'agit de la vue que nous avons utilisée depuis le début de ce livre (voir Figure 3.1). Elle nous indique la composition du coût de revient calculé sans s'occuper de la catégorie de ses composants. Que le composant soit une matière première achetée ou un produit semi-fini fabriqué sur site, son coût est considéré comme étant le coût d'un article.

4.2.6 « Vue Afficher éléments »

Cette vue nous fournit une répartition des coûts éclatée par élément de coûts, ce qui permet de pouvoir effectuer une analyse par catégorie de coûts pour un article dont le coût se compose de la somme de plusieurs autres articles.

L'exemple à retenir est la marge dégagée par la division fournissant un article à une autre division.

▶ Dans la vue JUSTIFICATIF, la marge est comprise dans le coût de l'article dans la division réceptrice (voir Figure 4.15).

▶ Dans la vue AFFICHER ÉLÉMENTS, la marge ne sera pas comprise dans le coût de l'article, mais sera affectée à une ligne de coût spécifique (voir Figure 4.15).

CCR d'un produit fini qui n'est composé que d'un produit semi-fini

Comme vous pouvez le voir Figure 4.15, dans la vue par justificatif , le coût de fabrication du produit semi-fini sera repris comme tel pour la valorisation du produit fini sans éclatement des différents coûts qui le composent : la matière première, les frais généraux et l'activité interne.

Semi fini			
Vue justificatif		Vue par éléments	
Matière 1ère	1 273,28 €	Matière 1ère	1 273,28 €
Frais généraux	130,95 €	Frais généraux	130,95 €
Activité interne	62,53 €	Activité interne	62,53 €
	• 1 466,76 €		1 466,76 €
Produit fini			
Vue justificatif		Vue par éléments	
Semi-finish	1 466,76 €	Matière 1ère	1 273,28 €
Frais généraux	935,61 €	Frais généraux	1 066,56 €
Activité interne	495,25 €	Activité interne	557,78 €
	2 897,62 €		2 897,62 €

Figure 4.15 : Transaction CK11N : Vue par éléments (1)

Dans la vue par éléments de la Figure 4.16, seul le coût de la matière première utilisée dans la fabrication du produit semi-fini sera classifié comme un coût de matière première. Les coûts des frais généraux et des activités internes du produit semi-fini seront classifiés dans leurs catégories de coûts respectives.

Semi fini			
Vue justificatif		Vue par éléments	
Matière 1ère	• 1 273,28 €	Matière 1ère	1 273,28 €
Frais généraux	• 130,95 €	Frais généraux	130,95 €
Activité interne	• 62,53 €	Activité interne	62,53 €
	1 466,76 €		1 466,76 €
Produit fini			
Vue justificatif		Vue par éléments	
Semi-finish	1 466,76 €	Matière 1ère	1 273,28 €
Frais généraux	• 935,61 €	Frais généraux	1 066,56 €
Activité interne	• 495,25 €	Activité interne	557,78 €
	2 897,62 €		2 897,62 €

Figure 4.16 : Transaction CK11N : Vue par éléments (2)

La vue par éléments

 Elle permet de bénéficier de vues différentes pour analyser les différents éléments composant un coût de revient.

Paramétrage de la « Vue Afficher éléments »

Le paramétrage de ces catégories d'éléments s'effectue au sein de la transaction OKTZ (voir Chapitre 6.2.8).

4.3 Transaction CK24

La transaction CK24 intervient après la transaction CK11N. Elle permet d'effectuer les étapes de repérage et de validation du/des coût/s de revient précédemment calculé/s (voir Chapitres 4.1.2 et 4.1.3).

La transaction CK24 diffère de la transaction CK11N par le fait que cette dernière est conçue pour n'être exécutée que sur un seul article/une seule division alors que la transaction CK24 est conçue pour être exécutée sur plusieurs articles/divisions simultanément. Il faut cependant que la création d'un coût de revient existe déjà (voir Chapitre 4.2).

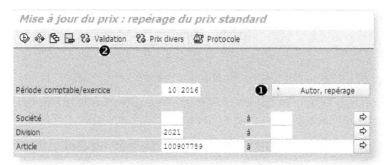

Figure 4.17 : Transaction CK24 : Écran de sélection

Bouton « Autor. Repérage »

Le bouton ❶ illustré Figure 4.17 permet d'ouvrir la période comptable pour pouvoir utiliser la transaction et repérer un coût de revient. Ce déblocage s'effectue au niveau de la société et non pas de la division ou de l'article, comme sur la Figure 4.18.

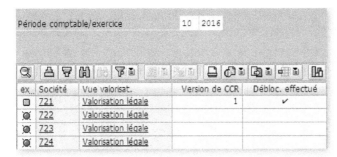

Figure 4.18 : Transaction CK24 : Écran Période comptable/exercice

Bouton « Repérage/Validation »

Le bouton ❷ sur la Figure 4.17 permet d'indiquer au système le niveau de valorisation des articles où nous nous trouvons.

▶ Lorsque le bouton ❶ indique VALIDATION (voir Figure 4.19), cela signifie que nous en sommes à l'étape 2 REPÉRAGE.

Figure 4.19 : Transaction CK24 : Bouton sur Validation

▶ Lorsque le bouton ❶ indique REPÉRAGE (voir Figure 4.20), cela signifie que nous en sommes à l'étape 3 VALIDATION.

Figure 4.20 : Transaction CK24 : Bouton sur Repérage

Bouton de repérage

À mon sens, ce bouton prête à confusion : il indique le nom de l'étape à laquelle je me trouve, plutôt que celui de l'étape où je ne suis pas. Il faut cependant s'y faire, le système fonctionnant ainsi. Lorsque que l'on se sert régulièrement de cette transaction, on s'y habitue très vite. Il ne s'agit donc pas d'un problème insurmontable.

Bouton « Prix divers »

Le bouton ❷ Figure 4.20 permet d'indiquer au système ce que l'on veut effectuer avec plus de précision. Il est ainsi possible de déterminer les critères à appliquer ainsi que les zones que l'on veut voir mises à jour dans la fiche article, comme vous pouvez le voir Figure 4.21.

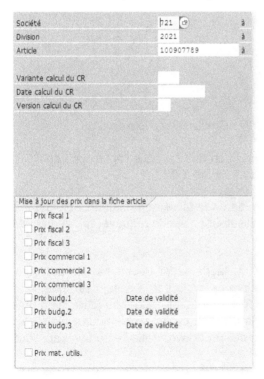

Figure 4.21 : Transaction CK24 : Sélection complémentaire

103

4.4 Transaction CK40N

Les sections précédentes nous ont permis de comprendre les trois étapes nécessaires à la valorisation du coût de revient (Chapitre 4.1) et nous ont présenté les transactions CK11N (Chapitre 4.2) et CK24 (Chapitre 4.3). Or, la transaction CK11N est très utile lorsque que l'on veut valoriser un nouvel article ou modifier le coût de revient d'un article déjà existant, mais elle ne peut pas s'utiliser pour un calcul de masse. La transaction convenant mieux à une valorisation de masse est la CK40N. C'est ce que nous allons appréhender dans cette partie. Il faut noter que les concepts étudiés dans les trois sections précédentes (Chapitres 4.1, 4.2 et 4.3) s'appliquent également à la CK40N. La seule différence entre CK11N/CK24 et CK40N est une question de volume : CK11/CK24 sont utilisées pour un petit nombre d'articles et CK40N pour un nombre d'articles plus important.

Créer le cycle de CCR

Figure 4.22 : Transaction CK40N : Création du cycle de CCR

La première étape consiste à créer ce que j'appelle l'enveloppe du CCR, constituée de trois onglets visibles Figure 4.22.

Il est conseillé d'utiliser un nom de cycle facilement mémorisable dans la zone ❶ de façon à ce que l'utilisateur puisse le retrouver rapidement en cas de recherche.

Par ailleurs, la détermination de la date est importante. Il faut comprendre que lorsque l'on appellera ce cycle par la suite, cette date sera comparée à celle du système (généralement la date du jour). Si la date du système est supérieure à la date du cycle, on ne pourra alors plus utiliser ce cycle. Il faudra en créer un nouveau. La règle que j'applique est la suivante :

La date de cycle de CCR choisie dans la zone ❷ est le dernier jour du mois dans lequel je veux effectuer la dernière étape du CCR, c'est à dire la validation.

Le choix des dates dans CK40N

La date du jour est le 9 octobre 2016.

Je crée un nouveau cycle pour la validation de mes nouveaux coûts de revient que je validerai au 1er janvier 2017, même si nous sommes le 9 octobre 2016.

J'utilise le 31 janvier 2017 comme date de cycle. J'aurais très bien pu choisir le 1er janvier 2017, cela aurait fonctionné tout aussi bien, mais je ne peux pas utiliser une date comprise entre le 9 octobre 2016 et le 31 décembre 2016. Ce serait une erreur qui m'obligerait à créer un nouveau CCR au 1er janvier 2017.

Date cycle de CCR

La détermination de la date est importante comme il est expliqué dans l'exemple précédent.

Données de CCR

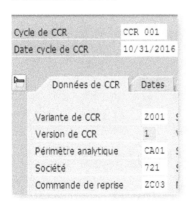

Figure 4.23 : Transaction CK40N : Onglet Données de CCR

Les explications sur les données de CCR ont été fournies au Chapitre 4.2.1 : elles servent à indiquer au système les paramètres à utiliser.

La société, quant à elle, est un nouveau paramètre (voir Figure 4.23). En principe, on indique l'une des sociétés pour laquelle on effectue le cycle. Cette zone de texte n'a cependant aucune incidence sur le déroulement du cycle, il suffit donc de choisir une société sans trop se poser de questions.

Dates

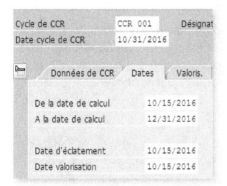

Figure 4.24 : Transaction CK40N : Onglet Dates

Nous avons déjà vu au Chapitre 4.2.2 les explications au sujet des dates. Elles fournissent au système précisément les mêmes informations que dans les transactions CK11N et CK40N.

Valorisation

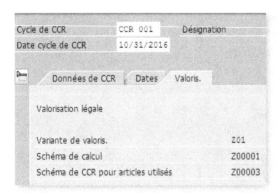

Figure 4.25 : Transaction CK40N : Onglet Valorisation

L'onglet de valorisation illustré Figure 4.25 présente des informations sur la façon dont le CCR calculera les coûts de revient. La variante de valorisation et les schémas découlent directement de la variante de CCR indiquée dans l'onglet DONNÉES DE CCR (voir chapitre 4.4, Paragraphe « Données de CCR »).

Paramétrage de la valorisation du CCR

Nous reviendrons plus en détail sur le paramétrage du système aux Chapitres 6.1 et 6.2.

4.4.1 Déroulement du cycle de CCR

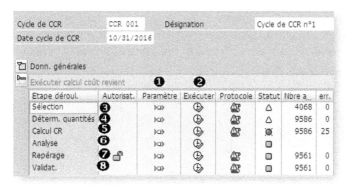

Figure 4.26 : Transaction CK40N : Déroulement du CCR

Une certaine chronologie est à respecter dans les étapes d'exécution du CCR : on commence par l'étape de sélection, puis on effectue chaque étape chronologiquement jusqu'à la validation.

Quelle que soit l'étape, on retrouve une même constante :

❶ La colonne PARAMÈTRE permet d'indiquer les articles/divisions que l'on veut traiter.

❷ La colonne EXÉCUTER indique au système d'effectuer la tâche demandée en suivant l'étape de déroulement tout en prenant en compte la sélection indiquée dans PARAMÈTRE.

À chaque étape, Il faut effectuer les sous-étapes PARAMÈTRE, puis EXÉCUTER dans l'ordre.

La sélection

Au cours de cette étape représentée Figure 4.26, zone ❸, on indique au système les articles que l'on veut inclure dans le CCR. Il n'est pas utile d'y désigner la liste des articles, mais il vaut mieux indiquer leurs caractéristiques. Un large choix de filtres est à notre disposition de façon à pouvoir effectuer une sélection très fine, comme vous pouvez le voir Figure 4.27.

Cette étape peut prendre un certain temps de traitement, le système comparant chaque article aux autres pour déterminer celui dont le coût de revient doit être calculé avant tel autre. Il est logique de calculer le coût de revient d'une matière première avant de calculer le coût de revient du produit semi-fini et, en dernier, le coût de revient du produit fini. Lorsque plusieurs divisions contenant plusieurs milliers d'articles sont sélectionnées, le système peut prendre un certain temps à classer chaque article de façon adéquate. Cette classification des articles par ordre de priorité s'appelle *la classification par niveaux* qui sera utilisée pendant l'étape de calcul du CR (voir Chapitre 4.4.1, Paragraphe « Le calcul du CR »).

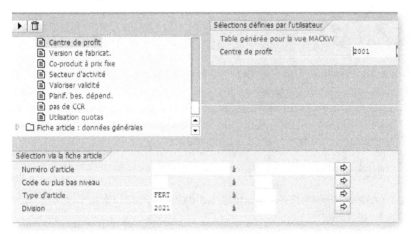

Figure 4.27 : Transaction CK40N : Sélection des articles

Une fois la sélection effectuée, il faut l'exécuter, comme sur la Figure 4.28, zone ❶.

Etape déroul.	Autorisat.	Paramètre	Exécuter	Protocole
Sélection		▸▯▸ ❶	⊕	
Déterm. quantités		▸▯▸		
Calcul CR		▸▯▸		
Analyse		▸▯▸		

Exécuter calcul coût revient

Figure 4.28 : Transaction CK40N : Sélection Exécuter

Traitement en arrière-plan

 Le traitement en arrière-plan permet de contrôler l'évolution d'avancement de la transaction (transaction SM37). Cette option est possible à chaque étape et est même recommandée lors de longs traitements.

Une fois la sélection effectuée, le système nous fournit des informations concernant le PROTOCOLE, c'est à dire la liste des messages d'erreur générés par le système et le nombre d'articles sélectionnés (voir Figure 4.29).

Exécuter calcul coût revient

Etape déroul.	Autorisat.	Paramètre	Exécuter	Protocole	Statut	Nbre art.	err.
Sélection		▸▯▸	⊕	⚖	△	4068	0

Figure 4.29 : Transaction CK40N : Sélection Protocole d'erreurs

La liste des articles sélectionnés apparaît ensuite de la façon suivante :

Transaction CK40N – Sélectionnez NIVEAUX DU CCR et SYNTHÈSE ARTIC-LES (voir Figure 4.30).

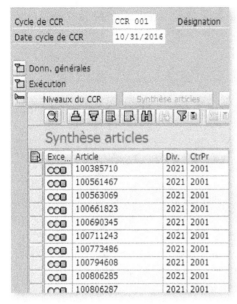

Figure 4.30 : Transaction CK40N : Liste des articles sélectionnés

La détermination des quantités

La détermination des quantités illustrée Figure 4.26, zone ❹, est une étape optionnelle : tout dépend en fait de la sélection effectuée à l'étape précédente. Deux approches sont à notre disposition :

▶ À l'étape précédente, l'ensemble des articles que l'on veut inclure dans le CCR **a été sélectionné**. De ce fait, cette étape n'est pas utile et ne sera pas exécutée.

▶ À l'étape précédente, l'ensemble des articles que l'on veut inclure dans le CCR **n'a pas été sélectionné**. C'est d'ailleurs le cas dans notre exemple Figure 4.26, le système n'ayant pris en compte que les articles de type FERT II faudra donc maintenant demander au système d'inclure tous les composants de ces articles précédemment sélectionnés.

À la fin de cette étape, le système a pris en compte 9 586 articles alors que, précédemment, il n'en avait retenu que 4 068, comme sur la Figure 4.26. Le système a également classé par niveaux l'ensemble des 9 586 articles maintenant sélectionnés (voir Figure 4.31).

Détermination des quantités

Personnellement, je n'utilise que très rarement la sélection par détermination des quantités. Il me semble plus utile de sélectionner directement l'ensemble des articles à inclure dans mon CCR.

Le calcul du CR

Cette étape ❺ correspond à la transaction CK11N, présentée au Chapitre 4.2.

Deux méthodes s'offrent à nous en demandant au système :

▶ de calculer le coût de revient de l'ensemble des articles sélectionnés ;

▶ d'effectuer le calcul du coût de revient des articles classés niveau par niveau, en commençant par le niveau le plus bas.

Tout dépend de la confiance que l'on a dans les données que le système appliquera.

▶ Si l'on pense qu'elles sont globalement correctes et que l'on n'aura que peu d'erreurs, on choisira alors la première option.

▶ Si l'on pense, au contraire, que le nombre d'erreurs sera conséquent, on utilisera la seconde méthode.

Sélection des niveaux

Il peut être judicieux de ne vouloir travailler que sur les articles classés au niveau le plus faible pour, dans un premier temps, corriger les erreurs, et passer ensuite au niveau suivant.

L'écran de sélection des niveaux se présente tel qu'il est illustré en Figure 4.31. Il est possible de sélectionner les niveaux que le système inclura dans le calcul des coûts de revient, comme dans la zone ❶. On comprend que durant l'étape de sélection, le système a classé les articles par niveau, les niveaux les plus faibles devant être valorisés avant les plus élevés.

Nombre de niveaux et d'articles par niveaux

Le nombre de niveaux et le nombre d'articles par niveaux dépend de la sélection effectuée et est déterminé par le système.

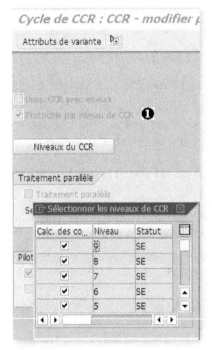

Figure 4.31 : Transaction CK40N : Liste des niveaux du CCR

À la fin de cette étape, le système aura valorisé les 9 586 articles et aura dénombré 25 erreurs, comme vous pouvez le voir Figure 4.26, zone ❺. Pour rappel, le Chapitre 4.5 a été consacré aux protocoles d'erreurs.

La consultation des erreurs

En sélectionnant l'icône , on a accès aux erreurs classées par niveau comme sur la Figure 4.32, ce qui est dû à la sélection effectuée précédemment.

Figure 4.32 : Transaction CK40N : Liste d'erreurs classées par niveau

En sélectionnant une ligne particulière, on peut également voir les messages des erreurs qui devront être corrigées, comme illustré Figure 4.33.

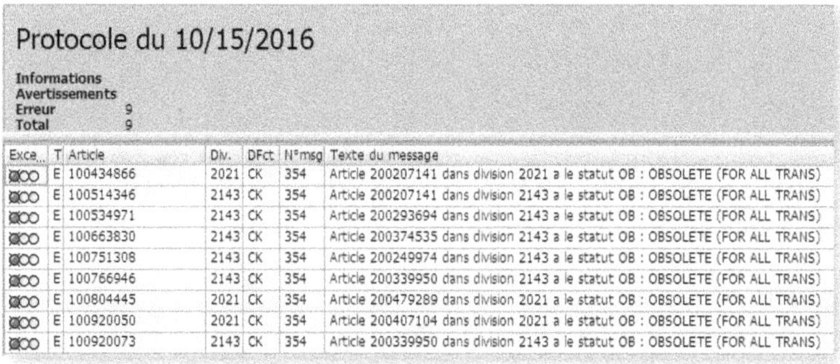

Figure 4.33 : Transaction CK40N : Protocole d'erreurs détaillé

Avant de passer à l'étape suivante, il faudra corriger ces erreurs et vérifier le coût de revient calculé. Cela peut impliquer de refaire plusieurs fois les étapes de sélection et de calcul jusqu'à ce que les articles impliqués dans ce CCR aient un coût de revient correct.

Correction des erreurs

Lorsque l'on corrige une information erronée dans le système, que ce soit dans la fiche article, la nomenclature ou ailleurs, il faut refaire une sélection et l'ensemble des étapes si l'on veut que la correction soit prise en compte dans le nouveau coût de revient calculé.

L'analyse

C'est cette étape, représentée Figure 4.26, zone 6, qui permet à l'utilisateur de contrôler les nouveaux coûts calculés. Comme vous pouvez le voir Figure 4.34, elle offre la possibilité d'établir un rapport qui donne, entre autres, le pourcentage de variance entre le nouveau coût de revient calculé et le coût de revient actuel, par article. Si l'utilisateur remarque une variance trop importante, il peut alors rechercher la cause de l'écart et corriger les données.

Analyse / comparaison des CCR d'article

Cycle CCR   CCR 001 10/31/2016
Grandeur de référenc Valeurs rapportées à la taille de lot de CCR
Vue des éléments   01(Coût de production)

Article	Div.	Taille lot	/	UQ	Val.BDArt.	Val. ana.	CCR - prix	%CCR - prix
100008031	2021	1,000	1	UNI	10.14	10.14		
100224297	2021	10.000	1	MU	313.60	314.59	0.99	0.32
	2161	10.000	1	MU	1,104.80	1,109.16	4.36	0.39
100227280	2021	5.200	1	MU	807.92	1,933.66	1,125.74	139.34
100229212	2021	1,000.0...	1	KG	5,420.00	6,397.81	977.81	18.04
	2143	1,000.0...	1	KG	1,656,000	1,731,420	75,420	4.55
100231975	2021	10.000	1	MU	519.00	520.93	1.93	0.37

Figure 4.34 : Transaction CK40N : Rapport d'analyse

Le repérage

Cette étape, expliquée au Chapitre 4.1.2, ne s'effectue que lorsque l'on considère que les coûts calculés par le biais du CCR sont exacts.

Le bouton SERRURE 🔓 permet d'ouvrir la période, comme illustré Figure 4.26, zone 7.

La validation

Cette étape, représentée Figure 4.26, zone ❽, ne peut s'effectuer que lorsque la période est ouverte (voir Chapitre 4.1.3).

4.5 Protocole d'erreurs

4.5.1 Méthodologie pour analyser un grand nombre de messages d'erreur

Quelle que soit la transaction utilisée pour calculer le coût de revient des articles (voir Chapitres 4.2 et 4.4), l'analyse et la correction des erreurs détectées par le système reste une étape fondamentale.

Il est essentiel de comprendre ces messages d'erreur et de mettre en place une méthodologie afin de les corriger rapidement en se concentrant sur les messages importants. Lorsque l'on utilise la transaction CK40N sur un grand nombre d'articles, il est possible de recevoir plusieurs centaines voire milliers de messages.

▶ Il faut comprendre que certains messages sont répétés. La correction d'une erreur en résoudra plusieurs.

▶ Le type de message est également crucial. Il ne faut cependant pas se concentrer uniquement sur le type E indiquant bien souvent que nous avons à faire face à une erreur sérieuse. Cependant, il peut arriver qu'il faille d'abord corriger les erreurs de types I et W pour pouvoir corriger celle de type E.

▶ Dans certain cas, il faudra simplement ignorer le message, à condition toutefois qu'il ne soit pas de type E.

La résolution des erreurs doit être itérative : il faudra les corriger, puis relancer un calcul en ré-exécutant toutes les étapes sans oublier l'étape de sélection. Elle ne doit pas être omise si l'on veut que le système tienne compte des récentes corrections. La correction d'une erreur peut en faire apparaître une autre qui n'était jusqu'à présent pas visible.

Conseil pour l'analyse d'un grand nombre de messages

Il est préférable d'extraire les messages d'erreur sous format Excel pour pouvoir analyser les données dans l'environnement Windows.

La première technique

Elle consiste à se concentrer sur les messages générés par une même erreur.

Message KL 023

Ce message nous indique que le système n'a pas trouvé la budgétisation des activités ou des quantités pour calculer le coût des activités internes. Cela signifie que le taux horaire enregistré au niveau du centre de coût pour l'activité et la période indiquée n'a pas été entré dans le système via la transaction KP26 (voir Chapitre 2.5). Le système génèrera le même message pour chaque article dont la gamme de fabrication utilise le poste de travail en liaison avec le centre de coût indiqué. Résoudre un seul message permettra de résoudre de fait tous les autres messages identiques.

La deuxième technique

Elle sert à supprimer les messages qui importent peu pour la compréhension de l'erreur.

Prenons comme exemple l'article 100001288 (voir Tableau 4.2).

Cet article a reçu trois messages au niveau 01.

▶ Les messages 60 et 240 nous indiquent que la valorisation du coût de revient est égale à zéro.

▶ Le message 354 nous indique la raison pour laquelle cet article n'a pas été valorisé : son statut est obsolète dans la fiche article.

Importance des messages d'erreur

 Après avoir acquis un bon niveau de compréhension du système, on sait que les messages 60 et 240 sont importants, mais ne fournissent pas la cause de l'erreur. On pourra donc appliquer un filtre sur ces messages de façon à les exclure. Dans notre exemple Tableau 4.3, un tel filtre a réduit de 50% la liste des messages d'erreur : nous passons de quatre à deux messages.

Niv. du CCR	Type Msg	Article	Div.	N° msg	Texte du message
Niveau 01	E	100001288	0001	60	Objet de CCR non valorisé
Niveau 01	E	100001288	0001	240	Ventilation des coûts avec valeur nulle
Niveau 01	E	100001288	0001	354	Article 100001288 dans div.0001 a le statut OB : OBSOLÈTE
Niveau 02	W	100001288	0002	318	Le calcul du CR de l'article 100001288 est incorrect

Tableau 4.2 : Messages d'erreur avant analyse

Niv. du CCR	Type Msg	Article	Div.	N° msg	Texte du message
Niveau 01	E	100001288	0001	354	Article 100001288 dans division 0001 a le statut OB : OBSOLÈTE
Niveau 02	W	100001288	0002	318	Le calcul du CR de l'article 100001288 est incorrect

Tableau 4.3 : Messages d'erreur après épuration des messages inutiles

La troisième technique

Elle permet de regrouper tous les messages d'un même article pour en effectuer une analyse globale.

Article 100001288 avec les deux messages restants (Tableau 4.3)

Les deux messages sont importants. L'utilisateur expérimenté comprend tout de suite le problème et sait quelles options permettront de le résoudre.

Il comprend que la division 0002 se procure l'article 100001288 de la division 0001 et que le problème vient du fait que cet article a le statut OBSOLÈTE dans la division 0001 (voir Chapitre 2.1.4, Paragraphe « Statut article par division – CCR 1 – MARC-MMSTA »).

Deux solutions s'offrent donc à lui :

▶ Valoriser l'article dans la division 0001 : il faudra, au préalable enlever le statut OB dans la fiche article.

▶ Choisir de changer la règle d'approvisionnement de cet article dans la division 0002, si l'on considère que l'article 100001288 doit conserver son statut OB dans la division 0001.

La quatrième technique

Elle consiste à résoudre les erreurs niveau par niveau.

Avec cette technique, on commence par résoudre les erreurs du premier niveau, puis du deuxième jusqu'au dernier niveau.

Chacun doit trouver la méthode qui lui convient le mieux

En fonction de l'organisation et du nombre d'articles sélectionnés, une méthode conviendra mieux qu'une autre. L'important est de se lancer dans cette étape de correction avec un plan de bataille et ne pas appréhender chaque message l'un après l'autre. Il faut également connaître au préalable les utilisateurs qui seront en mesure de corriger les données de façon à pouvoir leur demander rapidement d'apporter les corrections nécessaires.

4.5.2 Compréhension des messages d'erreur

Les messages d'erreur sont généralement plutôt clairs. En cas de doute, l'icône ❶ Texte descriptif sur la Figure 4.35 peut servir à afficher l'explication détaillée du message.

Figure 4.35 : Transaction CK40N : Bouton Texte descriptif

Il faut également faire preuve de discernement et comprendre que ces messages sont générés suivant certains critères. Dans certains cas, on ne souhaitera pas corriger l'erreur indiquée, si elle n'est pas légitime ou si l'on préfère laisser la situation telle quelle. Il faut bien sûr que le type du message soit I ou W et non pas E.

Le message 780 indique qu'aucune version de fabrication n'est disponible pour tel article dans telle division

Le type du message est I. On comprend que le système souhaite utiliser une version de fabrication pour valoriser un produit fabriqué. Cependant, si cet article est un produit sous-traité avec un type d'approvisionnement spécial = 30 (voir Chapitre 3.2), la valorisation se fera sans gamme de fabrication. Étant donné qu'une version de fabrication se doit de contenir une nomenclature et une gamme de fabrication, il nous est impossible d'en créer une pour cet article. On devra donc accepter ce message d'information pour tous les articles sous-traités.

---

5 Écarts de fabrication

Dans ce chapitre, nous observerons la manière dont le système nous permet d'analyser les écarts de fabrication ainsi que la logique comptable suivie par le système. À mon sens, la compréhension de ce chapitre est essentielle afin de mieux appréhender le système dans sa globalité.

5.1 Explication des écarts de fabrication

Le système nous fournit un rapport détaillé des écarts de fabrication à l'intérieur même de l'ordre de fabrication.

La transaction C003 permet à l'utilisateur de visualiser l'ordre de fabrication. Il suffit alors d'accéder à l'analyse des coûts en suivant le chemin suivant : Saut • Coûts • Analyse, comme vous pouvez le voir Figure 5.1.

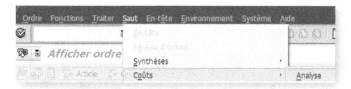

Figure 5.1 : Transaction CO03 : Chemin d'accès vers l'analyse des écarts de fabrication

Avant de commencer l'analyse d'un écart de fabrication, quelques points importants sont à souligner :

1) Un ordre de fabrication contient une quantité totale et une quantité livrée.

    ▶ La *quantité totale* représente la quantité d'articles que l'on a planifié de fabriquer.

    ▶ La *quantité livrée* est la quantité effectivement fabriquée et transférée à l'inventaire.

2) L'ordre de fabrication dispose de statuts mis à jour suivant son évolution. Deux statuts sont particulièrement importants pour l'analyse des écarts de fabrication :

▶ TCLO (soit Clôturé techniquement) : ce statut est appliqué lorsque que l'on veut clôturer l'ordre de fabrication avant d'avoir livré l'ensemble des quantités planifiées. Prenons l'exemple d'un ordre de fabrication planifié pour 100 unités. Pour une raison spécifique, la production ne fabriquera que 95 unités. Le statut TLCO pourra alors être utilisé pour indiquer que nous avons fini la fabrication bien que seules 95 unités sur les 100 prévues n'aient été fabriquées.

▶ LIVR (soit Livré) indique que les 100 unités ont été fabriquées et que l'ordre de fabrication est terminé.

3) Pour que l'on puisse analyser un écart de fabrication, il faut qu'un certain nombre d'opérations aient été effectuées dans le système :

▶ L'entrée des heures travaillées via le bon de travail CO11N ;

▶ La sortie des marchandises de l'inventaire pour qu'elles soient affectées à l'ordre de fabrication MB1A ;

▶ Le transfert des quantités fabriquées de l'ordre de fabrication à l'inventaire MB31 ;

▶ Le calcul des coûts additionnels KGI2/CO43 ;

▶ Le calcul des écarts KKS2/KKS1 ;

▶ L'imputation comptable KO88/CO88.

4) Le système analyse à la fois l'écart de fabrication en prenant comme base la QUANTITÉ TOTALE et la QUANTITÉ LIVRÉE. Dans ce chapitre, nous analysons les écarts de fabrication en fonction de la QUANTITÉ LIVRÉE.

5) Le système analyse les écarts en valeur et en quantités et les classifie par type d'écart, comme vous pouvez le voir Figure 5.2. Exemples de types d'écart :

▶ Écart sur quantité utilisée

▶ Écart résiduel sur entrées

▶ Écart sur prix de cession

▶ Écart sur taille de lot

▶ Écart résiduel

▶ Etc.

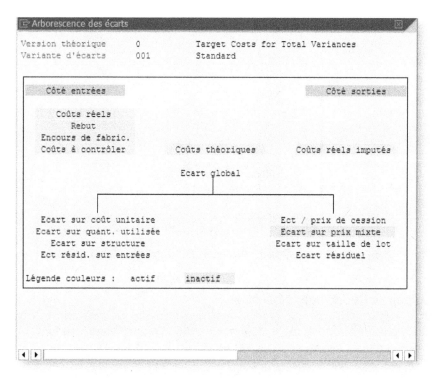

Figure 5.2 : Arborescence des écarts de fabrication

Comme dans tous les rapports à notre disposition, il est possible d'ajouter ou de supprimer des colonnes. Pour ne pas surcharger l'analyse de l'ordre de fabrication, il s'agit de n'utiliser que quelques co-lonnes au départ, ce qui suffit généralement à comprendre l'écart de fabrication (voir Figure 5.3).

5.1.1   Premier niveau d'analyse

Nous expliquerons maintenant en détail l'analyse de premier niveau, illustrée sur la Figure 5.3.

123

Nature comptable (Texte)	Coûts théoriques gl. ❶	Total coûts réels	Ecart théor./réel ❺	Qté théor. glob. ❼	Qté réelle globale ❽
Ecart de fabrication	0 € ❻	309,40 €	309,40 €	0.000	0.000
Produit fabriqué ❷	-861,55 €	-861,60 €	-50 €	-10	-10
Semi-fini 0001	444,00 €	445,33 €	1,33 €	10	10,03
Semi-fini 0002	41,05 €	37,03 €	-4,02 €	2.341.00	2.111.00
Charges patronales	11,98 €	9,05 €	-2,93 €	0.000	0.000
Fourniture de maintenance	900 €	872 €	-28 €	0.000	0.000
Fourniture de fabrication ❸	13,80 €	13,36 €	-437 €	0.000	0.000
Fourniture d'emballage	1,50 €	1,45 €	-47 €	0.000	0.000
Energie	4,08 €	3,95 €	-129 €	0.000	0.000
Temps de fabrication fixe	4,81 €	3,84 €	-968 €	0.417	0.333
Temps machine	6,00 €	5,81 €	-190 €	4.317	4.150
Temps main d'œuvre	43,65 €	31,50 €	-12,15 €	17.250	12.450
❹ -289,78 €	0 €	289,78 €			

Quantités livrées = 10 000 unités ❾

Figure 5.3 : Transaction CA03 : Analyse des écarts de fabrication

Colonne « Coûts théoriques gl. »

La colonne ❶ représente le coût standard de l'article facturé en fonction des quantités livrées.

▶ Le produit fabriqué de – 861,55 € représente la valeur d'entrée en stock théorique des 10 000 unités d'articles fabriqués (voir Figure 5.3, zone ❷). Le système effectue le calcul suivant :

```
Coût de revient de l'article (voir Figure 5.4) / taille du
lot du CCR × quantités livrées (17,23 € / 200 unités × 10
000 unités = 861,55 €).
```

▶ De la ligne SEMI-FINI 0001 à la ligne TEMPS MAIN D'ŒUVRE ❸, le système a recalculé le coût de revient de l'article d'une façon tout à fait classique, comme il l'aurait fait si l'on avait utilisé la transaction CK11N (voir Chapitre 4.2) en prenant en compte une taille de lot de 10 000 unités.

▶ Le total négatif de 289,78 €, Figure 5.3, zone ❹, représente la différence entre le coût de revient théorique (calculé en fonction d'une taille de lot égale aux quantités livrées) et le coût théorique du produit fabriqué.

Prix budgété pour 10 000 unités (voir Figure 5.4) - Coût
théorique du produit fabriqué (voir Figure 5.3) = ❿ 571,77 €
- ❷ 861,55 € = ❹ - 289,78 €)

Produit fabriqué -lot de :	200 unités	10 000 unités
Ressource (texte)	Valeur globale	Coûts théoriques gl.
Semi-fini 0001	8,88 €	444,00 €
Semi-fini 0002	821 €	41,05 €
Coût des articles	9,70 €	485,05 €
Charges patronales	1,28 €	11,98 €
Fourniture de maintenance	18 €	900 €
Fourniture de fabrication	324 €	13,80 €
Fourniture d'emballage	30 €	1,50 €
Energie	82 €	4,08 €
Coût add.des frais généraux	1,73 €	32,26 €
Temps de fabrication fixe	4,81 €	4,81 €
Temps machine	120 €	6,00 €
Temps main d'œuvre	873 €	43,65 €
Activité interne	5,80 €	54,46 €
Total	17,23 €	❿ 571,77 €

Figure 5.4 : Prix budgété de l'article fabriqué

Colonne « Écart théorique réel »

La colonne ❺ sur la Figure 5.3 représente la différence entre les deux colonnes précédentes.

La première ligne présente l'écart de fabrication global qui est de 309,40 € (voir Figure 5.3, zone ❻). Comme nous le verrons plus tard dans ce chapitre, cet écart est généré par différents facteurs.

Colonne « Qté théor. glob. »

La colonne ❼ Figure 5.3 nous fournit les quantités (main d'œuvre et composants) dont le système s'est servi pour calculer le coût de revient théorique de la colonne COÛTS THÉORIQUES GL.

125

Colonne « Qté réelle globale »

Cette colonne (voir Figure 5.3, zone ❽) nous fournit les quantités (main d'œuvre et composants) utilisées pendant la fabrication des 10 000 unités livrées.

Explications de l'écart

Ces quelques colonnes permettent de comprendre l'origine de l'écart de fabrication.

Nous savons que le coût de revient de l'article fabriqué a été calculé pour un lot de fabrication de 200 unités. L'ordre de fabrication ❾ a servi à produire 10 000 unités. Comme l'étape de fabrication reste fixe quelles que soient les quantités fabriquées, ce poste présente un gain de productivité conséquent. Le montant reproduit Figure 5.3 est compris dans le montant total ❹ en bas de la colonne COÛTS THÉORIQUES GL.

Il est clair que l'écart de fabrication est favorable sur les postes de fabrication (temps machine et temps main d'œuvre) et que nous avons consommé moins de produits semi-finis que prévu.

Pour résumer, il semblerait que le gain important provient principalement du lot qui était nettement plus important que le budget (10 000 unités au lieu de 200).

5.1.2 Deuxième niveau d'analyse

Le système nous donne la possibilité d'effectuer une analyse de l'écart plus fine en classant les écarts par catégories.

Écart sur quantité utilisée

Les écarts illustrés sur la Figure 5.5, zone ❶, proviennent des quantités utilisées durant la fabrication ne correspondant pas exactement aux quantités budgétées. Ce type d'écart montre que l'on a consommé plus ou moins de composants et plus ou moins de temps que prévu pour la fabrication des articles. Pour un même article, s'il s'avère que l'on est systématiquement en sur ou en sous consommation sur un poste précis, cela signifie que les quantités indiquées dans la nomenclature ou la gamme de fabrication ne sont pas conformes à la réalité.

Quantitées livrées = 10 000 unités	❹			❶	❷	❸	❺	❻
Nature comptable (Texte)	Coûts théoriques gl.	Total coûts réels	Ecart théor./réel	Ecart sur quant. utilisée	Ect résid. sur entrées	Ecart sur prix de cession	Ecart sur taille lot	Ecart résiduel
Ecart de fabrication	0 €	309,40 €	309,40 €	0 €	0 €	0 €	0 €	0 €
Produit fabriqué	-861.55 €	-861.60 €	-50 €	0 €	0 €	-50 €	0 €	-54,29 €
Semi-fini 0001	444.00 €	445.33 €	1.33 €	1.33 €	0 €	0 €	0 €	0 €
Semi-fini 0002	41.05 €	37.03 €	-4.02 €	-4.03 €	0 €	0 €	0 €	0 €
Charges patronales	11.98 €	9.05 €	-2.93 €	0 €	-2.93 €	0 €	0 €	0 €
Fourniture de maintenance	900 €	872 €	-28 €	0 €	-28 €	0 €	0 €	0 €
Fourniture de fabrication	13.80 €	13.36 €	-437 €	0 €	-437 €	0 €	0 €	0 €
Fourniture d'emballage	1.50 €	1.45 €	-47 €	0 €	-47 €	0 €	0 €	0 €
Energie	4.08 €	3.95 €	-129 €	0 €	-129 €	0 €	0 €	0 €
Temps de fabrication fixe	4.81 €	3.84 €	-968 €	-968 €	0 €	0 €	-235,49 €	0 €
Temps machine	6.00 €	5.81 €	-190 €	-232 €	0 €	0 €	0 €	0 €
Temps main d'œuvre	43.65 €	31.50 €	-12.15 €	-12.15 €	0 €	0 €	0 €	0 €
	-289,78 €	0 €	289,78 €	-16.05 €	-3,57 €	-50 €	-235,49 €	-54,29 €

Figure 5.5 : Transaction CA03 : Analyse des écarts de fabrication détaillée

Écart résiduel sur entrées

Les écarts présentés sur la Figure 5.5, zone ❷, sont liés aux coûts additionnels des frais généraux (voir Chapitre 2.6). Dans notre exemple, nous nous sommes servis de la première méthode s'appuyant sur les pourcentages. Étant donné que les bases de calcul des pourcentages sont les coûts de fabrication fixe/machine et main d'œuvre ayant généré des écarts de fabrication positifs, les coûts additionnels des frais généraux ont eux aussi, par effet mécanique, générés des écarts de fabrication positifs.

Écart sur prix de cession

L'écart démontré sur la Figure 5.5, zone ❸, est généré par la différence entre la valeur d'entrée en stock théorique des 10 000 unités d'articles fabriqués, zone ❹ (voir Chapitre 5.1.1, Paragraphe « Colonne « Coûts théoriques gl. ») et la valeur d'entrée en stock de ces articles. Il est plutôt courant d'obtenir un léger écart entre ces deux valeurs, ce qui est dû aux arrondis de calcul.

La valeur d'entrée en stock est calculée de la façon suivante :

```
Total de la valeur de l'inventaire / quantités en stock.
```

Le total est alors arrondi à la décimale près.

Écart sur taille de lot

L'écart illustré sur la Figure 5.5, zone ❺ s'explique par le fait que la gamme de fabrication contient un temps fixe ne dépendant pas du nombre d'unités fabriquées. L'inventaire étant valorisé sur un coût de revient à partir d'un lot de fabrication de 200 unités (Figure 5.6, zone ❼), le fait de produire 10 000 articles ne réduit pas le temps de fabrication fixe (Figure 5.6, zone ❽), mais diminue fortement son coût calculé par article. Le tableau ci-après, Figure 5.6, nous montre, zone ❾ que le coût unitaire pour fabriquer 200 unités est de 86,15 € alors que, pour en produire 10 000, il est de 57 € (zone ❿). Cela explique l'écart sur lot. D'un côté, le coût de revient théorique est établi à 57 € et, de l'autre, on valorise notre stock à 86,15 €.

Produit fabriqué -lot de :	200 unités ❼	10 000 unités ❽
Ressource (texte)	Valeur globale	Coûts théoriques gl.
Semi-fini 0001	8,88 €	444,00 €
Semi-fini 0002	821 €	41,05 €
Coût des articles	9,70 €	485,05 €
Charges patronales	1,28 €	11,98 €
Fourniture de maintenanc	18 €	900 €
Fourniture de fabrication	324 €	13,80 €
Fourniture d'emballage	30 €	1,50 €
Energie	82 €	4,08 €
Coût add.des frais généra	1,73 €	32,26 €
Temps de fabrication fixe	4,81 €	4,81 €
Temps machine	120 €	6,00 €
Temps main d'œuvre	873 €	43,65 €
Activité interne	5,80 €	54,46 €
Total	17,23 €	571,77 €
C. de revient par unité	❾ 86.15 €	❿ 57 €

Figure 5.6 : Calcul du coût de revient unitaire de l'article fabriqué

Écart résiduel

L'écart illustré sur la Figure 5.5, zone ❻, représente l'écart qui ne peut pas être imputé par le système à une autre catégorie de coûts. Il s'agit principalement :

▶ des écarts d'arrondi générés par le système durant les calculs ;

▶ des écarts des frais généraux appliqués aux coûts qui ne varient pas avec la taille du lot. C'est précisément notre cas en raison du temps de fabrication fixe.

À mon sens, les écarts de fabrication doivent être analysés régulièrement avant la fin de période. Il est toujours possible qu'un utilisateur ait entré une donnée erronée dans le système (une mauvaise consommation de matière première, un nombre d'heures multiplié par 10 ou 100 à cause d'une erreur de virgule, etc.). Vérifier les écarts de fabrication de manière récurrente permettra de déceler ces anomalies et d'appliquer une action corrective avant la fin de la période en cours. Il faut bien comprendre qu'il est toujours possible d'analyser les écarts de fabrication une fois que la période comptable est close. La correction ne pourra cependant être effectuée que sur la période en cours alors que l'on aurait voulu l'appliquer sur la période précédente. Nos pouvons envisager de rouvrir les périodes, mais très peu de sociétés considèrent cela comme une pratique acceptable.

Analyse des écarts de fabrication

Il est impératif d'analyser les écarts de fabrication durant la période et d'appliquer les actions correctives avant la fin de celle-ci.

5.2 Écritures comptables

Dans ce chapitre, nous démontrerons le flux des écritures comptables en relation avec les ordres de fabrication. La méthode présentée ici est fréquemment appliquée, mais chaque société peut organiser ses propres flux d'écritures comme elle le souhaite pour répondre au mieux à ses besoins.

Ci-après, Figure 5.7, vous pourrez observer une représentation des différentes écritures générées dans les modules FI & CO.

Paramétrage du système

 Il est à noter que, suivant les besoins, chaque société peut avoir paramétré son système de manière à suivre une logique différente.

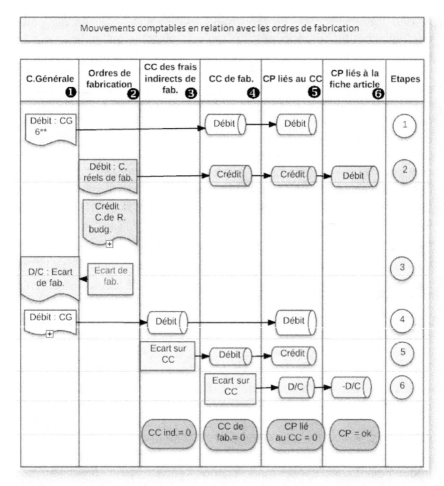

Figure 5.7 : Graphique des écritures comptables en lien avec les ordres de fabrication

5.2.1 Explication des colonnes

Colonne « C. générale » (Figure 5.7, zone ❶)

Ce sont les mouvements comptables qui affectent la comptabilité générale. Il faut noter que tous les mouvements comptables dus à l'activité de fabrication n'ont pas d'incidence sur les comptes des centres de coûts.

► Activités de fabrication affectant les centres de coûts : ce sont les dépenses de fabrication, comme les salaires et le coût de l'énergie.

► Activités de fabrication n'affectant pas les centres de coûts : il s'agit de la consommation de matières premières.

Colonne « Ordres de fabrication » (Figure 5.7, zone ❷)

Il s'agit des mouvements qui se répercutent sur les ordres de fabrication.

► Au Débit : les coûts réels de fabrication comprenant le coût des articles, le coût des activités internes et les coûts additionnels des frais généraux.

► Au Crédit : les coûts budgétés de la fabrication s'appuyant sur le coût de revient standard des quantités livrées de l'article fabriqué.

Colonne « CC des frais indirects de fab. » (Figure 5.7, zone ❸)

Ce sont les centres de coûts indirects de fabrication qui sont incorporés au coût de revient des articles fabriqués.

Colonne « CC de fab. » (Figure 5.7, zone ❹)

Elle représente les centres de coûts directs de fabrication qui sont incorporés au coût de revient des articles fabriqués.

Colonne « CP liés au CC. » (Figure 5.7, zone ❺)

Ce sont les centres de profit liés aux centres de coûts indirects et directs de fabrication.

Colonne «CP liés à la fiche article » (Figure 5.7, zone ❻)

Il s'agit des centres de profit liés aux articles fabriqués par l'intermédiaire de la fiche article.

5.2.2   Explication des différentes étapes

Pour une plus grande visibilité, servons-nous d'un exemple simplifié, présenté Figure 5.8. Sur une période donnée, nous allons fabriquer deux articles et notre société ne comprend que deux centres de coûts. La société possède trois centres de profit, CP99 étant un centre de profit générique qui sera distribué en fin de période vers les deux centres de coûts CP01 et CP02.

Article fabriqué

Nom	Centre de profit	Ordre de fabrication
Article 001	CP01	OF-01
Article 002	CP02	OF-02

Centre de Coûts

Nom	Texte	Centre de profit
CC01	Fabrication direct	CP99
CC02	Fabrication indirect	CP99

Figure 5.8 : Représentation des articles et des centres de coûts

En Figure 5.9 se trouve le tableau des écritures passées à chaque étape que nous allons détailler.

La ligne COÛTS THÉORIQUES GL., Figure 5.9, zone ❶, correspond aux crédits des ordres de fabrication.

Etapes	C.Gle	C.de Coût		C.de Profit			Ordre de Fab.	
		CC01	CC02	CP01	CP02	CP99	OF-01	OF-02
Coûts théoriques GL.❶							216 €	255 €
1	325,00 €	325,00 €				325,00 €		
2			390,00 €	168,00 €	222,00 €	390,00 €	168,00 €	222,00 €
2	0,00 €	❷		❸	❹		❺ 40,00 €	❻ 45,00 €
3	0,00 €						8,00 €	12,00 €
4	108,00 €		108,00 €			108,00 €		
5		108,00 €	108,00 €			0,00 €		
6			43,00 €	20,00 €	23,00 €	43,00 €		
			❼	❽	❾			
	433,00 €	0,00 €	0,00 €	188,00 €	245,00 €	0,00 €	0,00 €	0,00 €

Figure 5.9 : Tableau des écritures comptables

Étape 1

Il s'agit de la comptabilisation des charges directes de fabrication. Ces charges ont une incidence à la fois sur les comptes de charges du plan comptable par nature, mais aussi sur les natures comptables primaires du module CO. Dans ce module, la charge sera à la fois comptabilisée dans un centre de coûts de fabrication et dans un centre de profit.

Le centre de coûts dont nous nous servons ici est de type « fabrication ». Ce sera le centre de coûts censé recevoir les crédits en provenance des ordres de fabrication, ce qui sera vu *Étape 2*. Le centre de profit est lié au centre de coûts. La relation est de type *un et un uniquement*. Nous n'aurons donc qu'un seul centre de profit par centre de coûts.

Nous verrons au fil des étapes suivantes que le centre de profit lié au centre de coûts n'est pas important étant donné que l'ensemble des coûts de fabrication sera affecté, comme il se doit, aux centres de profit liés aux produits fabriqués à la fin des six étapes.

Étape 2

Les coûts de fabrication se répercutent sur la colonne de l'ordre de fabrication TOTAL COÛTS RÉELS.

Il s'agit d'un débit pour un montant de ❷ 390 € (❸ 168 € + ❹ 222 €).

133

Ce montant se répercute sur le crédit du centre de coûts, mais génèrera un débit et un crédit au niveau des centres de profit. Le système génère cette double entrée au niveau des centres de profit afin de reclasser la charge dans les centres de profit liés aux articles facturés. Les écritures sont les suivantes :

```
C. de coût CC01   : - 390 €
C. de profit CP99 : - 390 €

C. de profit CP01 : + 168 €

C. de profit CP02 : + 222 €
```

Les montants de 40 € (zone ❺) et 45 € (zone ❻) représentent la consommation des matières durant le procédé de fabrication. L'impact en comptabilité générale est nul étant donné que le système crédite et débite des comptes de résultat.

Étape 3

Il s'agit de l'écart de fabrication. Ces écarts de fabrication ont une incidence sur la comptabilité. La classe de valorisation indique au système les comptes de comptabilité générale qui seront affectés au débit et au crédit (voir Chapitre 2.1.5, Paragraphe « Classe valorisation – CCR 2 – MBEW-BKLAS »).

L'impact en comptabilité générale est nul, le système générant une comptabilisation débit/crédit qui s'annule au niveau du compte de résultat.

Étape 4

La comptabilisation des frais indirects de fabrication reprend les mêmes principes que celle des frais directs de fabrication, exception faite que ces dépenses se répercuteront sur le centre de coûts des frais indirects.

Étape 5

Cette étape nous permet de transférer les coûts du centre de coûts indirects de fabrication vers le centre de coûts directs de fabrication.

L'exemple détaillé ci-après est simplifié à l'extrême puisque nous n'avons que deux centres de coûts. En réalité, une société possède un grand nombre de centres de coûts, ce qui nécessitera de bien comprendre la répartition des coûts de fabrication. Des clés de répartition seront également nécessaires.

Avant d'effectuer la répartition des coûts, il faut également comprendre si elle est justifiée.

Intégration ou non des coûts indirects de fabrication

 Si la société intègre dans ses coûts de revient les coûts directs et indirects de fabrication, il sera certainement nécessaire d'effectuer cette reclassification de coûts entre centres. Il se peut qu'il ait été décidé de regrouper l'ensemble des coûts de fabrication (directs et indirects) dans les mêmes centres de coûts, rendant de fait la reclassification inutile.

Si la société n'intègre dans ses coûts que les coûts directs de fabrication, cette étape ne sera pas nécessaire.

Étape 6

Cette étape permet de solder le centre de coûts de fabrication et d'affecter cet écart aux centres de profit des articles fabriqués. Par effet mécanique, cela permettra également de solder le centre de profit lié au centre de coûts. Les écritures sont les suivantes :

```
C. de coût CC01  : - 43 € ❼
C. de profit CP99 : - 43 €
C. de profit CP01 : + 20 € ❽
C. de profit CP02 : + 23 € ❾
```

Lorsque ces six étapes ont été effectuées, l'ensemble des dépenses de fabrication directes et indirectes de la période ont été réparties au prorata des coûts de fabrication réels des articles fabriqués. Les écarts de fabrication l'ont également été bien que, suivant les sociétés, il soit difficile de les répartir au prorata des coûts de fabrication réels.

6 Paramétrage du CCR

C'est au cours de cette étape que l'on paramètre certains éléments du système pour que celui-ci calcule le coût de revient des produits comme le souhaite notre société.

6.1 Options de base

Cette partie explique les différentes options de paramétrage à la disposition de l'utilisateur pour indiquer au système la manière dont la société souhaite calculer les coûts additionnels de frais généraux compris dans le coût de revient des articles.

6.1.1 Transaction OKZ1

La transaction présentée Figure 6.1 permet de paramétrer des groupes d'origines spécifiques à chaque périmètre analytique (voir Chapitre 2.1.4, Paragraphe « Groupe d'origine – CCR 1 – MBEW-HRKFT »).

Périmètre ana.	CA01	
Groupes d'origines		
Désignation		Groupe origine
Groupes d'origine 001		GR01
Groupes d'origine 002		GR02

Figure 6.1 : Transaction OKZ1

6.1.2 Transaction KA06

Cette transaction permet de gérer les natures comptables des coûts additionnels. Il faudra une nature comptable secondaire par poste de coût additionnel paramétré. La catégorie de nature comptable devra impérativement être de catégorie 41.

Le système différencie le module FI comptabilité générale et le module CO contrôle de gestion. Chaque module dispose de ses propres documents comptables. Lorsque l'on entrera une écriture comptable en comptabilité générale, le système génèrera, suivant le besoin, des écritures dans les autres modules analytiques dont fait partie le module CO. La comptabilisation des écritures dans les modules analytiques s'effectue sur des natures comptables et non pas des comptes comptables.

Différences entre nature comptable primaire et secondaire :

Une nature comptable primaire reçoit des mouvements comptables de la comptabilité générale. En principe, il est préférable d'utiliser les règles suivantes pour les natures primaires :

▶ Une nature comptable = un compte comptable.

▶ Utilisation du même numéro et de la même description pour la nature comptable que pour le compte comptable.

Il est cependant possible de passer outre ce concept et de relier plusieurs comptes comptables à une seule nature comptable, comme il est également possible d'utiliser une numérotation et une description tout à fait différentes.

Une nature comptable secondaire ne reçoit pas de mouvement comptable de la comptabilité générale (voir Figure 6.2 : Nature comptable : Catégorie 41, zone ❶), mais est employée lorsque que le système génère des mouvements directement dans les modules analytiques.

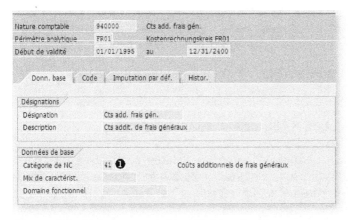

Figure 6.2 : Nature comptable : Catégorie 41

6.1.3 Transaction KZS2

Cette transaction permet de paramétrer les schémas de calcul des coûts, expliqués au Chapitre 2.6, qui serviront pour le calcul des frais additionnels de frais généraux.

Première étape

Cette étape est utilisée pour paramétrer les *bases*. Une base de calcul comprend une ou plusieurs natures comptables qui sont alors regroupées pour servir dans le calcul des frais additionnels (voir Chapitre 6.1.4).

Deuxième étape

Cette étape consiste à paramétrer les coûts additionnels nécessaires. Il est à noter qu'un certain nombre existe déjà dans le système. Il est toutefois possible d'en paramétrer de nouveaux (voir Chapitre 6.1.5).

Troisième étape

Cette étape consiste à paramétrer les natures comptables de déchargement (voir Chapitre 6.1.7).

Calcul des frais additionnels

Exemple de calcul des frais additionnels (Figure 6.4) s'appuyant sur le schéma de calcul A0000 (Figure 6.3) lorsque les pourcentages sont entrés via la transaction KZZ2 (voir Chapitre 6.1.5) :

❶ La base B000 inclut le coût de tous les articles de la nomenclature. Elle correspond à la ligne COÛT DES ARTICLES.

❷ La base B001 inclut les coûts de l'activité interne TEMPS MACHINE.

❸ La base B002 inclut les coûts de l'activité interne TEMPS MAIN D'OEUVRE.

Le schéma de calcul nous indique à la ligne 20 que la ligne FRAIS GÉN. ARTICLE utilise comme base la ligne 10, c'est à dire la base B000.

139

Le schéma de calcul nous indique à la ligne 50 que la ligne FRAIS GÉN. FABRIC. utilise comme base la fourchette de lignes [40-45] qui inclut les bases B001 et B002.

Ligne	Base	Ct additi.	Désignation	par	à ligne	Déchargem.
10	B000	❶	Article	0	0	
20		C000	Frais gén. article	10	0	E01
30			Matières nécessaires	0	0	
40	B001	❷	Salaires	0	0	
45	B002	❸	Salaires	0	0	
50		C001	Frais gén. fabric.	40	45	E02
60			Coûts fabrication...	40	50	
70			Coûts production....	0	0	
80		C002	Frais gén.administr.	0	0	E03
90		C003	Frais gén. ventes	70	0	E04
100			Coût revient final..	0	0	

Schéma A00000 Standard — Contrôler — Liste

Lignes du schéma de calcul

Figure 6.3 : Schéma A00000

Transaction CK11N		
article	Produit Fini 001	
Division	001	
Taille du Lot du CCR	5 SU	
Clé de coûts additionnels	CC1	
Ressource (texte)	Valeur globale	Tr.KZZ2
Produit semi-fini	1 254,73 €	
Matière première 01	127,24 €	
Coût des articles	1 381,97 €	
Frais Gén.article	179,66 €	13,00%
Frais Gén.fabrication	1,80 €	15,00%
Frais gén.administr.	0,00 €	12,00%
frais gén.ventes	0,00 €	8,00%
Coût additionnel de frais g(	181,45 €	
Temps machine	0,21 €	
Temps main d'œuvre	11,78 €	
Activité interne	11,99 €	
Total	1 575,41 €	

Figure 6.4 : Coût de revient d'un article fabriqué

6.1.4   Transaction KZB2

Cette transaction permet de paramétrer les bases qui serviront au paramétrage des schémas de calcul des coûts additionnels de frais généraux.

La Figure 6.5 présente un exemple de paramétrage de la base B001 Salaires.

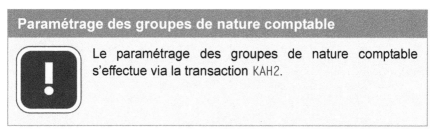

Figure 6.5 : Transaction KZB2

Les colonnes ❶ et ❷ correspondent à la fourchette de nature comptable que l'on veut inclure dans la base.

La colonne ❸ correspond au groupe de nature comptable. Plutôt que d'indiquer une fourchette, on peut préférer paramétrer un groupe de nature comptable.

Paramétrage des groupes de nature comptable

! Le paramétrage des groupes de nature comptable s'effectue via la transaction KAH2.

La quatrième ❹ et la cinquième ❺ colonne correspondent à la fourchette des groupes d'origine que l'on veut inclure dans la base *(voir Chapitre 2.1.4, Paragraphe « Groupe d'origine – CCR 1 – MBEW-HRKFT »).*

6.1.5   Transaction KZZ2

Cette transaction permet de paramétrer de nouveaux coûts additionnels en pourcentage ainsi que d'y affecter des pourcentages.

La première partie de la transaction, zone ❶ Figure 6.6, permet de paramétrer de nouveaux coûts additionnels. Le système met à notre disposition un certain nombre de paramétrages standard lui permettant de déterminer la liste des articles qui utiliseront ces pourcentages pour élaborer leur coût de revient. Voici les différents niveaux à notre disposition :

- ▶ Périmètre analytique
- ▶ Société
- ▶ Domaine d'activité
- ▶ Division
- ▶ Type d'ordre
- ▶ Catégorie d'ordre
- ▶ Version de budget
- ▶ Type de coût additionnel
- ▶ Clé de coût additionnel

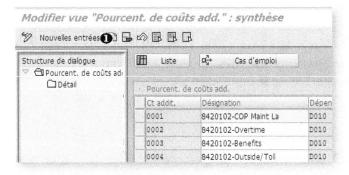

Figure 6.6 : Transaction KZZ2

La deuxième partie de la transaction, zone ❶ Figure 6.7, après la sélection d'un coût additionnel, permet la mise à jour des pourcentages.

Le type de coût additionnel (zone ❷) est utilisé de la façon suivante :

▶ Coût additionnel réel (1) : le pourcentage sera utilisé par le système pour valoriser les coûts réels dans les ordres de fabrication.

▶ Coût additionnel budgété (2) : le pourcentage sera utilisé par le système lors de l'élaboration du coût de revient et pour valoriser les coûts budgétés dans les ordres de fabrication.

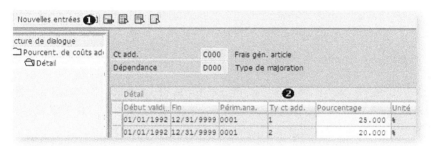

Figure 6.7 : Transaction KZZ2 : Saisie des pourcentages

6.1.6 Transaction KZM2

Cette transaction permet de paramétrer de nouveaux coûts additionnels en fonction des quantités afin d'y affecter un montant (voir Chapitre 2.6.2).

La première partie de la transaction, zone ❶ Figure 6.8, autorise le paramétrage de nouveaux coûts additionnels. Le système met à notre disposition un certain nombre de paramétrages standard lui permettant de déterminer la liste des articles qui utiliseront ces pourcentages pour élaborer leur coût de revient. Référez-vous à la Figure 6.8 pour la liste des différentes options proposées par le système.

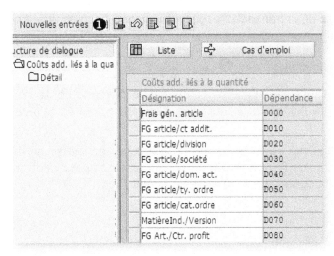

Figure 6.8 : Transaction KZM2

La deuxième partie de la transaction, après la sélection d'un coût additionnel, permet la mise à jour des montants, comme vous pouvez le voir Figure 6.9.

Les coûts additionnels réels et budgétés ❶ sont utilisés de la même façon que pour la transaction KZZ2 (voir Chapitre 6.1.5). Il est à noter que le calcul des coûts additionnels par pourcentage sert généralement au CCR des articles fabriqués, tandis que le calcul des coûts additionnels qui utilise un montant comme unité de mesure sert plutôt au CCR des articles achetés. Il est également possible d'utiliser les deux méthodes afin de valoriser un même article.

Ct add.	C100	Frais gén. article					
Dépendance	D000	Type de majoration					

Début validi	Fin	Périm.ana.	Ty ct add.	Montant	Unité	par	UQ
01/01/2016	12/31/2016	0001	1	25.00	EUR	1	KG
01/01/2016	12/31/2016	0001	2	25.00	EUR	1	KG

Détail ❶

Figure 6.9 : Transaction KZM2 : Saisie des montants

6.1.7   Transaction KZE2

La transaction KZE2, illustrée Figure 6.10, permet de paramétrer les données de déchargement utilisées dans les schémas de calcul de façon à indiquer où sont déchargés les coûts. Dans notre exemple, nous spécifions que cela se fera au niveau d'un centre de coût et d'une nature comptable.

Périmètre analytique	0001	Controlling area 0001
Déchargement	E01	Déch. CAFG article

Détail						
Fin valid.	Nat.compt.	GrOr	%fixe	Centre de ...	Ordre	Processus de ...
12/31/9999	620100		*	SAP-DUMMY		

Figure 6.10 : Transaction KZE2

6.1.8   Transaction OKOG

La transaction OKOG, montrée Figure 6.11, permet de paramétrer les clés de coûts additionnels (voir Chapitre 3.1.3).

Clé de cts addit.	
Clé de ...	Désignation
ZEU101	Clé 101
ZEU102	Clé 102
ZEU103	Clé 103

Figure 6.11 : Transaction OKOG

6.1.9   Transaction OKZ2

La transaction OKZ2, représentée Figure 6.12, permet de paramétrer les groupes de frais généraux (voir Chapitre 3.1.3).

Périm. valoris.	Groupe FG	Clé de cts addit.	Désignation grpe CAFG
2021	2021	ZEU101	Clé 101
2021	2021	ZEU102	Clé 102
2021	2021	ZEU103	Clé 103

Figure 6.12 : Transaction OKZ2

6.1.10 Points importants

Dans ce chapitre, nous avons vu les points de paramétrage importants qui permettent de calculer les coûts additionnels de frais généraux. Ce qu'il faut garder en mémoire est résumé ci-après.

Le schéma de coût représente l'élément central pour la valorisation des coûts additionnels des frais généraux. Il me semble important d'en paramétrer au moins deux :

- ▶ le premier qui sera utilisé pour les produits fabriqués ;
- ▶ le deuxième qui servira pour les produits achetés.

Nous verrons qu'il est possible de paramétrer le système de façon à ce que chaque schéma puisse être utilisé par la bonne catégorie d'articles, qu'ils soient achetés ou fabriqués (voir Chapitre 6.2.12).

Paramétrage des schémas de calcul

Les schémas de calcul sont 100% paramétrables de façon à ce que chaque société puisse calculer ses coûts additionnels comme elle le souhaite.

Les clés de coûts additionnels peuvent être basées soit :

- ▶ sur des pourcentages (ce qui s'adaptera mieux aux produits fabriqués) ;
- ▶ sur des unités de mesures (méthode convenant mieux aux produits achetés).

Les pourcentages ou les montants saisis dans les clés de coûts additionnels sont entrés pour une période de temps définie. Il convient donc à chaque société de définir la période de validité appropriée.

Il faut entrer les pourcentages et les montants dans des lignes différentes pour calculer :

- ▶ les coûts réels ;
- ▶ les coûts budgétés.

Coûts réels et budgétés

Il me semble important d'utiliser les mêmes données (pourcentages ou montants) pour les coûts réels et budgétés afin d'éviter des écarts de fabrication (voir Chapitre 5).

Il existe plusieurs niveaux pour lesquels on peut définir les clés de coûts additionnels : la division, le centre de profit, etc.

6.2 Variante de CCR

Dans cette partie, nous verrons la manière de paramétrer le système pour effectuer un calcul de CCR avec structure de quantités.

Le système nous donne la possibilité de paramétrer le coût de revient des articles avec structure de quantités ou sans. La différence entre les deux options est la suivante :

▶ Structure de quantités : indique au système que l'on veut utiliser toutes les données qui y sont disponibles pour calculer le coût de revient des articles (nomenclatures, gammes de fabrications, schémas de calcul, etc.).

▶ Sans structure de quantités : indique au système que l'utilisateur va saisir manuellement les données qui serviront au CCR des articles.

6.2.1 Transaction OKKN

La transaction OKKN permet de paramétrer les variantes de CCR qui fournissent au système l'ensemble des informations dont il a besoin pour calculer un coût de revient.

Structure d'une variante de calcul

Elle se compose de six onglets dont deux regroupent plusieurs transactions de paramétrage, comme vous pouvez le voir Figure 6.13.

147

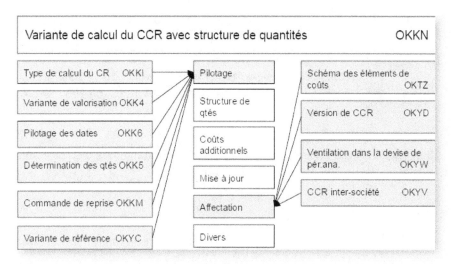

Figure 6.13 : Schéma d'une variante de calcul avec structure de quantités

6.2.2 Pilotage

L'onglet PILOTAGE, Figure 6.14, zone ❶, nous permet d'indiquer au système les options précédemment paramétrées que nous voulons inclure dans notre variante de CCR avec structure de quantités. Nous étudierons en détail chacune de ces transactions dans les parties suivantes.

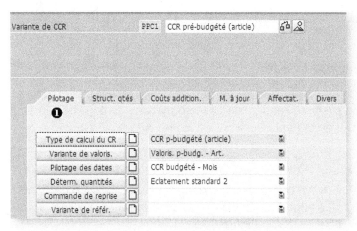

Figure 6.14 : Transaction OKKN : Onglet Pilotage

6.2.3   Structure de quantités

L'onglet Structure de quantités, Figure 6.15, zone ❷, nous permet de paramétrer des options en relation avec la structure de quantités.

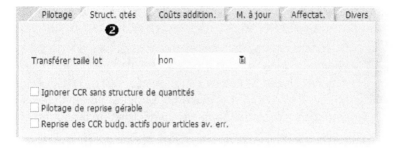

Figure 6.15 : Transaction OKKN : Onglet Structure de quantités

Transférer la taille de lot

Pour cette zone illustrée Figure 6.15, trois options sont à notre disposition :

▶ **Non :** cette réponse est utilisée pour une variante de CCR dont l'objectif est la valorisation des articles en masse. En effet, une autre réponse ne permettra pas à l'utilisateur d'utiliser la transaction CK40N (voir Chapitre 4.4). Voici le message d'erreur reçu lorsque l'on utilise cette transaction avec l'une des deux autres options : « N° message CK463 Fonction 'Transférer taille de lot' non assistée dans le cycle de CCR ».

▶ **Uniquement pour besoin individuel** et **Toujours** : elles peuvent être appliquées pour une variante de CCR dont l'objectif est la valorisation des articles par commande client. Le système pourra ainsi déterminer la taille du lot de l'article par rapport à la taille du lot de l'article supérieur.

Ignorer CCR sans structure de quantités

Cette zone représentée Figure 6.15 indique au système s'il va utiliser ou non des informations entrées sans structure de quantités pour la valorisation des articles.

Si la société a décidé de valoriser ses articles avec structure de quantités (avec nomenclatures et gammes de fabrication), il est alors préférable de valider cette zone.

Activation de la zone « IGNORER CCR SANS STRUCTURE DE QUANTITES »

 Si cette zone est activée, elle annule de fait la sélection effectuée dans la fiche article (voir Chapitre 2.1.4, Paragraphe « Avec structure de quantités CCR – CCR 1 – MBEW-EKALR »). Le système prendra en compte la sélection effectuée dans la fiche client uniquement si cette zone n'a pas été sélectionnée au niveau du paramétrage.

Pilotage de reprise gérable

Cette option, visible Figure 6.15, indique au système si la commande de reprise peut être modifiée ou non lors de la création d'un CCR article avec structure de quantités.

Seulement si cette zone est activée, l'utilisateur pourra changer la commande de reprise dans la transaction de calcul du coût de revient (voir Chapitre 4.2).

Cependant, qu'elle soit activée ou non, l'utilisateur pourra toujours sélectionner la commande de reprise de son choix lorsqu'il effectuera un cycle de calcul du CR, comme nous avons pu le voir au Chapitre 4.2.1.

Reprise des CCR budg. actifs pour articles av. err.

Si cette option est sélectionnée, elle demande au système de rechercher un coût de revient sans erreur (voir Chapitre 4.5) lorsqu'un article est valorisé avec une erreur. Cela permet par exemple à un article fabriqué d'être valorisé sans erreur bien que l'un de ses composants l'ait été avec un message d'erreur.

Activation de la zone « Reprise des CCR budg. actifs pour articles av. err. »

À mon sens, cette zone ne devrait pas être activée et l'erreur sur le composant devrait être corrigée.

6.2.4 Coûts additionnels

L'onglet COÛTS ADDITIONNELS, Figure 6.16, zone ❸, nous permet de paramétrer les options de coûts additionnels.

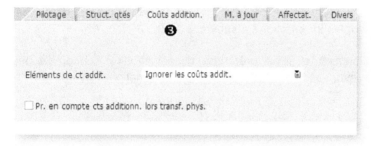

Figure 6.16 : Transaction OKKN : Onglet Coûts additionnels

Éléments de ct addit.

Pour cette zone, trois options sont à notre disposition :

▶ **Ignorer** : si elle est choisie, les coûts additionnels entrés dans le système via la transaction CK74N, présentée Chapitre 2.7, ne seront pas pris en compte lors de la valorisation des articles.

▶ **Prendre en compte** : si elle est sélectionnée, les coûts additionnels entrés dans le système à l'aide de la transaction CK74N seront pris en compte lors de la valorisation des articles, mais *ne pourront pas* être utilisés comme base de calcul pour les coûts additionnels de frais généraux (voir Chapitre 6.1.3).

151

▶ **Prendre en compte et majorer** : la différence avec l'option précédente réside dans le fait que les coûts additionnels *pourront* être utilisés comme base de calcul pour les coûts additionnels de frais généraux (voir Chapitre 6.1.3).

Pr. en compte cts addition. lors transf. phys.

Il faut activer cette zone visible Figure 6.16 si l'on veut inclure l'ensemble des coûts additionnels entrés via la transaction CK74N, calculés lors des niveaux inférieurs de la nomenclature.

6.2.5 Mise à jour

L'onglet MISE À JOUR (voir Figure 6.17, zone ❹) nous permet d'informer le système sur les informations à sauvegarder.

Sauf cas exceptionnel, il est préférable de sélectionner l'ensemble des zones pour avoir accès à l'ensemble des informations en cas de recherche ultérieure.

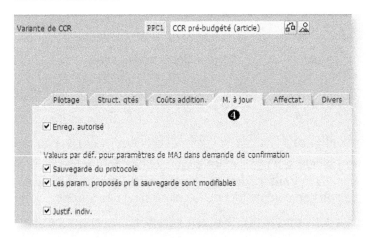

Figure 6.17 : Transaction OKKN : Onglet Mise à jour

6.2.6 Affectation

L'onglet AFFECTATION, présenté Figure 6.18, zone ❺, nous permet d'indiquer au système les options d'affectation précédemment paramétrées que nous voudrons inclure dans notre variante de CCR avec structure de quantités (voir Chapitres 6.2.8, 6.2.9 et 6.2.10).

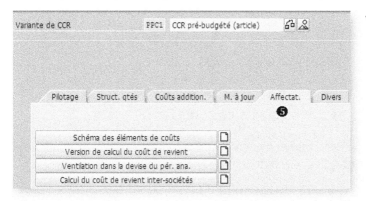

Figure 6.18 : Transaction OKKN : Onglet Affectation

6.2.7 Divers

L'onglet DIVERS, montré Figure 6.19, zone ❻, sert à paramétrer le protocole d'erreurs.

Quatre choix de paramétrage sont à notre disposition :

▶ Message online ;

▶ Grouper et sauvegarder les messages, mail actif ;

▶ Grouper et sauvegarder des messages dans le protocole, mail inactif ;

▶ Grouper les messages dans un protocole, ne pas sauvegarder, mail inactif.

153

Figure 6.19 : Transaction OKKN : Onglet Divers

6.2.8   Schéma des éléments de coûts OKTZ

La transaction OKTZ autorise le paramétrage des éléments de coûts dans la vue AFFICHER LES ÉLÉMENTS (voir Chapitre 4.2.6).

Éléments avec attributs

Cette vue, illustrée Figure 6.20, permet d'y effectuer la désignation des éléments. Ce sont ces mêmes éléments que l'on aura à notre disposition dans la vue AFFICHER LES ÉLÉMENTS (voir Chapitre 4.2.6).

Structure de dialogue	Schéma élts cts	Élément	Désignation élément
▽ ☐ Schéma des éléments de coûts	ZD	1	Coût des articles
▽ ☐ Éléments avec attributs	ZD	2	Coût des f.généraux
☐ Affectation: intervalle d'éléments - nat. compt.	ZD	3	Coût des a.internes
☐ Mise à jour des coûts additionnels			
☐ Schéma de transfert			
☐ Vues d'éléments			
☐ Affectation: unités d'organisat. - schéma d'élts			
☐ Groupes d'éléments			

Figure 6.20 : Transaction OKTZ : Éléments avec attributs

Affectation

Comme vous pouvez le voir Figure 6.21, à l'aide de l'onglet AFFECTATION : INTERVALLE D'ÉLÉMENTS – NAT. COMPT., il est possible d'affecter les fourchettes de natures comptables par élément. L'affectation des natures comptables s'effectue par plan comptable.

Figure 6.21 : Transaction OKTZ : Affectation

Mise à jour des coûts additionnels

L'onglet MISE À JOUR DES COÛTS ADDITIONNELS, visible Figure 6.22, s'utilise pour affecter les natures comptables aux coûts additionnels entrés via la transaction CK74N (voir Chapitre 2.7).

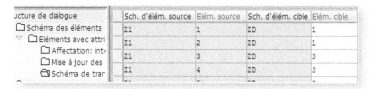

Figure 6.22 : Transaction OKTZ : Mise à jour

Schéma de transfert

L'onglet SCHÉMA DE TRANSFERT, présenté Figure 6.23, sert à transférer les ventilations des éléments de coûts dans les éléments de coûts d'une autre ventilation (voir l'exemple du Chapitre 7.2).

Jcture de dialogue	Sch. d'élém. source	Elém. source	Sch. d'élém. cible	Elém. cible
Schéma des éléments	Z1	1	ZD	1
Eléments avec attri	Z1	2	ZD	1
Affectation: int	Z1	3	ZD	3
Mise à jour des	Z1	4	ZD	3
Schéma de trar				

Figure 6.23 : Transaction OKTZ : Schéma de transfert

Vues d'éléments

L'onglet VUES D'ÉLÉMENTS que l'on peut voir Figure 6.24 permet d'afficher les résultats du calcul du coût de revient suivant la pertinence de ses coûts.

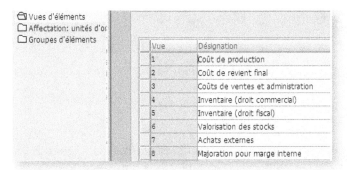

Figure 6.24 : Transaction OKTZ : Vue d'éléments

Affectation : unités d'organisation

Par l'onglet AFFECTATION: UNITÉS D'ORGANISAT. – SCHÉMA D'ÉLTS visible Figure 6.25, nous pouvons indiquer au système les sociétés, divisions et variantes de CCR qui utiliseront tel ou tel schéma d'éléments de coûts.

Structure de dialogue	Société	Div.	Varian	Valide du	Sché.	Désignation	Schéma d'élém. (ventil. second.)
▽ ☐ Schéma des éléments	++++	++++	++++	01/01/1900	21	Schéma de l'organisaion	
▽ ☐ Eléments avec attri	++++	++++	P306	01/01/2000	01	Schéma modèle	
☐ Affectation: int	721	++++	++++	01/01/2016	ZD	Schéma DL	ZD
☐ Mise à jour des							
☐ Schéma de trar							
☐ Vues d'éléments							
☐ Affectation: unités d'or							
☐ Groupes d'éléments							

Figure 6.25 : Transaction OKTZ : Affectation : unités d'organisation

Groupes d'éléments

L'onglet GROUPES D'ÉLÉMENTS, tel qu'on peut le voir Figure 6.26, permet de regrouper des coûts de même nature.

Structure de dialogue	Groupe d'élts	Désignation
▽ ☐ Schéma des éléments de	1	Matières premières
▽ ☐ Eléments avec attribut	10	Main-d'oeuvre
☐ Affectation: interv	11	Fabrication
☐ Mise à jour des coí	12	CAFG matières
☐ Schéma de transfe	13	CAFG fabrication
☐ Vues d'éléments	14	CAFG administration
☐ Affectation: unités d'orgai	15	CAFG ventes
☐ Groupes d'éléments	16	Activité externe
	17	Divers

Figure 6.26 : Transaction OKTZ : Groupes d'éléments

Version de CCR OKYD

À l'aide de la transaction OKYD, il est possible de paramétrer différentes versions du CCR. L'exemple présenté en Figure 6.27 montre le paramétrage de deux versions utilisant un taux de conversion de change différent.

Version de CCR	Type de CCR	Variante valoris.	Type de cours	Désignation
1	01	Z01	P	version P
2	01	Z01	M	version M

Figure 6.27 : Transaction OKYD

6.2.9   Ventilation dans la dev. pér. ana

La transaction OKYW, illustrée Figure 6.28, permet de paramétrer au niveau de la société les vues du calcul du coût de revient (voir Chapitres 4.2.5 et 4.2.6), à la fois dans la devise du périmètre analytique et dans celle de la société.

Paramétrage du périmètre analytique

Pour indiquer au système que l'on veut pouvoir visualiser le coût de revient dans les différentes devises, il faut que le code TOUTES DEVISES soit activé dans le périmètre analytique (Transaction OKKP).

Ventilation dans la devise du périmètre ana. active pour :

Société	Type de CCR	Variante de valoris.
721	01	Z01
722		
723		

Figure 6.28 : Transaction OKYW

6.2.10 CCR inter-sociétés OKYV

Comme vous pouvez le voir Figure 6.29, la transaction OKYV permet d'autoriser le calcul du coût de revient couvrant l'ensemble des sociétés.

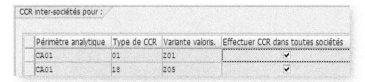

Périmètre analytique	Type de CCR	Variante valoris.	Effectuer CCR dans toutes sociétés
CA01	01	Z01	☑
CA01	18	Z05	☑

Figure 6.29 : Transaction OKYV

6.2.11 Types de calcul du CR OKKI

La transaction OKKI, montrée Figure 6.30, sert à définir les caractéristiques techniques du calcul du coût de revient. Plusieurs types de CCR sont pré-paramétrés.

Type de CCR	Désignation
01	CCR p-budgété (article)
10	CCR inventaire Dr.fiscal
11	CCR inventaire Dr.commer.
12	CCR théor. (article)
13	Calculs du CR ad hoc
19	Fabr. répétitive versions

Figure 6.30 : Transaction OKKI

Mise à jour

Cet onglet présenté Figure 6.31, zone ❶, comprend :

Le paramétrage de la mise à jour des prix dans les vues d'éléments lors du calcul du coût de revient, pour lequel quatre options sont à notre disposition :

▶ Prix standard ;

▶ Prix fiscal ;

- ▶ Prix commercial ;

- ▶ Autres, sauf prix standard.

La vue VALORISATION dans les vues parallèles : cette option permet d'imprimer différents aperçus des transactions commerciales d'une entreprise. Trois choix sont à notre disposition :

- ▶ Valorisation légale ;

- ▶ Évaluation groupe industriel ;

- ▶ Valorisation de centre de profit.

Figure 6.31 : Transaction OKKI : Onglet Mise à jour

Mise à jr

L'onglet MISE À JR, illustré Figure 6.32, zone ❷, permet de paramétrer la détermination des dates lors du calcul du coût de revient. Il est possible de paramétrer ces mises à jour différemment pour :

- ▶ le calcul du coût de revient avec structure de quantités ;

- ▶ le calcul du coût de revient supplémentaire.

Trois options sont à notre disposition :

- ▶ Sans date ;

- ▶ Avec un jour de référence ;

- ▶ Avec début de période.

Paramétrage des dates

Bien que différentes possibilités soient à notre disposition et que l'on puisse les choisir pour le calcul du CR avec structure de quantités et le calcul du CR supplémentaire, il me semble préférable d'utiliser pour les deux calculs l'option AVEC DÉBUT PÉRIODE, comme présenté Figure 6.32.

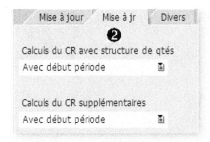

Figure 6.32 : Transaction OKKI : Onglet Mise à jr

Divers

L'onglet DIVERS, visible Figure 6.33, zone ❸, est rarement utilisé, mais peut l'être pour indiquer au système la part des coûts qui sert de base de détermination pour les coûts additionnels de frais généraux.

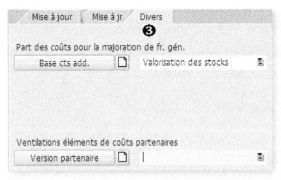

Figure 6.33 : Transaction OKKI : Onglet Divers

6.2.12 Variante de valorisation OKK4

La transaction OKK4 a déjà été entrevue dans divers chapitres de ce livre. Il s'agit d'une transaction ayant une incidence importante sur la valorisation des articles. C'est cette étape qui permet de regrouper un grand nombre de paramètres de valorisation d'un calcul du CR. Il est possible de paramétrer une variante de valorisation par division.

Valorisation article

Cet onglet, présenté Figure 6.34, zone ❶, permet de paramétrer la stratégie de valorisation des articles achetés à l'extérieur de la société.

Le système nous permet soit d'indiquer une seule stratégie, soit d'en déterminer plusieurs sous forme d'une séquence de stratégies. La séquence indique alors au système l'ordre dans lequel le système recherche un prix. Des exemples de valorisation d'un article acheté à un fournisseur extérieur sont présents dans ce livre (voir Chapitre 3.4).

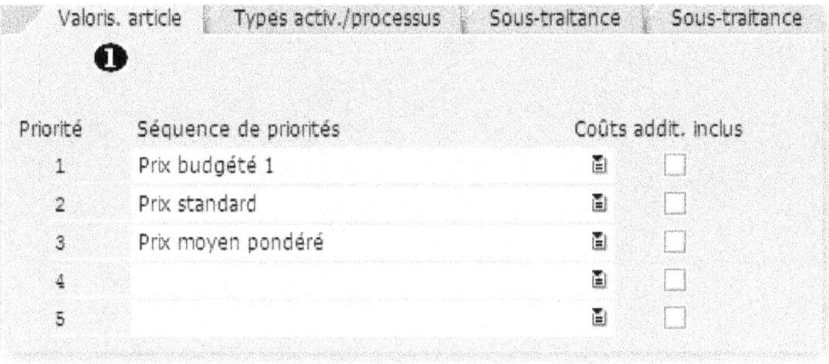

Figure 6.34 : Transaction OKK4 : Valorisation article

Types activité/processus

Comme vous pouvez le voir Figure 6.35, zone ❷, à l'aide de cet onglet nous pouvons paramétrer la séquence suivant laquelle le système doit sélectionner les prix dans la pré-budgétisation des types d'activités ou dans le calcul du prix réel dans la comptabilité analytique.

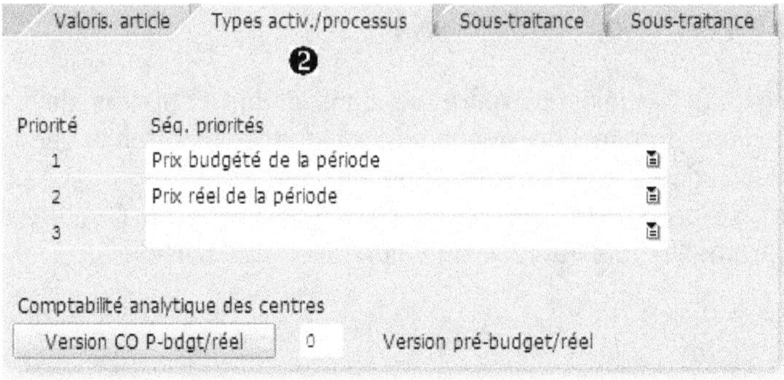

Figure 6.35 : Transaction OKK4 : Onglet Types activités/processus

Sous-traitance

Cet onglet, Figure 6.36, zone ❸, permet de paramétrer la séquence suivant laquelle le système doit sélectionner les prix dans la fiche infos-achats (voir Chapitre 2.8).

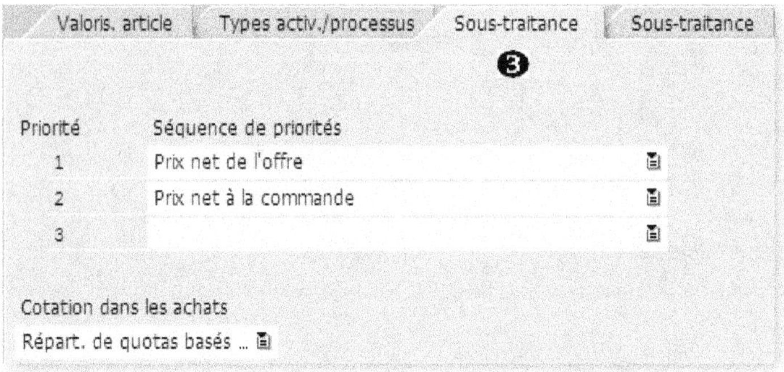

Figure 6.36 : Transaction OKK4 : Onglet Sous-traitance

Sous-traitance (2)

L'onglet visible Figure 6.37, zone ❹, sert à paramétrer la séquence suivant laquelle le système doit rechercher les prix dans la fiche infos-achats ou dans une opération de la gamme opératoire afin de valoriser les activités externes.

Il s'utilise notamment pour le travail à façon.

Valoris. article	Types activ./processus	Sous-traitance	Sous-traitance
			❹

Priorité	Séquence de priorités	
1	Prix issu de l'opération	🗐
2	Prix net de l'offre	🗐
3		🗐

Figure 6.37 : Transaction OKK4 : Onglet Sous-traitance (2)

Différence entre les deux onglets de sous-traitance

Le premier, zone ❸, correspond à une sous-traitance complète de l'article, comme expliqué au Chapitre 3.2. Les composants sont fournis au sous-traitant qui produira l'article en notre nom.

Le deuxième, zone ❹, correspond quant à lui à une sous-traitance limitée à une ou plusieurs étapes de production. La ou les étapes de sous-traitance seront inclues dans la gamme de fabrication de l'article, comme expliqué au Chapitre 2.3.

Frais généraux

Cet onglet, Figure 6.38, zone ❺, permet d'affecter deux schémas de CCR (voir Chapitre 2.6).

▶ Le premier sera appliqué dans la valorisation des produits fabriqués.

▶ Le deuxième le sera dans la valorisation des produits achetés.

Si l'on veut utiliser l'un de ces deux schémas pour les produits sous-traités, il faudra sélectionner l'option dans la zone se situant en-dessous des choix de schémas.

Figure 6.38 : Transaction OKK4 : Onglet Frais généraux

Divers

Cet onglet, présenté Figure 6.39, zone ❻, permet d'affecter un coefficient de prix à l'aide de la transaction OKK7, comme sur la Figure 6.40. Ce coefficient peut permettre d'ajouter des coûts fixes au calcul du CR en droit fiscal ou commercial.

Figure 6.39 : Transaction OKK4 : Onglet Divers

Variante valoris.	Code prise en cpte	Coeff.prix fixe	Coeff.prix variable
+++	1	0.500	0.500
+++	2	0.250	0.250
+++	3	0.750	0.750

Figure 6.40 : Transaction OKK7

6.2.13 Pilotage des dates OKK6

Cette transaction, illustrée Figure 6.41, sert à paramétrer les dates qui seront dérivées automatiquement par le système durant la valorisation du coût de revient.

Les zones ❶ Saisie manuelle (si elles sont activées) permettent à l'utilisateur de modifier les dates proposées par défaut par le système lors du calcul du coût de revient.

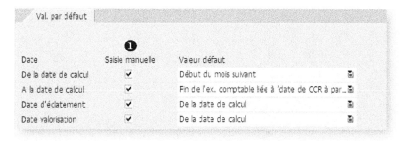

Figure 6.41 : Transaction OKK6

6.2.14 Détermination des quantités OKK5

Cette transaction indique, pour chaque division, les règles qui permettent de chercher des alternatives de nomenclatures (voir Chapitre 2.2) et de gammes de fabrication (voir Chapitre 2.3) pour la structure multi-niveaux.

Il est préférable d'utiliser les options proposées par le système.

Nomenclature

L'onglet Nomenclature, Figure 6.42, zone ❶, permet :

▶ de sélectionner l'application de nomenclature, comme vous pouvez le voir Figure 6.43 ;

▶ de déterminer la règle des arrondis que suivra le système pour les composants de la nomenclature.

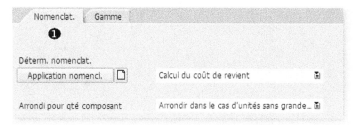

Figure 6.42 : Transaction OKK5 : Onglet Nomenclature

L'application de nomenclature OPJM

Cette transaction, montrée Figure 6.43, permet de paramétrer la sélection automatique des nomenclatures de remplacement.

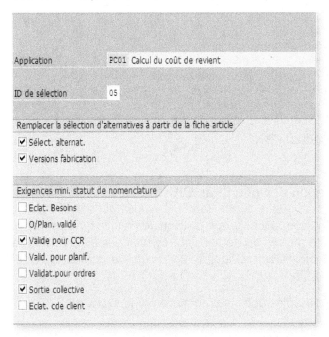

Figure 6.43 : Transaction OPJM

Gamme

L'onglet GAMME que l'on peut voir Figure 6.44, zone ❷, offre la possibilité de sélectionner des gammes.

Figure 6.44 : Transaction OKK5 : Onglet Gamme

166

La sélection des gammes de remplacement OPJF

Cette transaction OPJF, Figure 6.45 : permet de paramétrer la sélection automatique des gammes de remplacement.

IDS	SP	Désignation	Statut	Texte de statut
02	1	Fabrication	4	OK pour toutes fonctions
02	2	Ext. optimization	4	OK pour toutes fonctions
02	3	Fabrication	3	OK pour calcul des coûts
02	4	Ext. optimization	3	OK pour calcul des coûts
02	5	Fabrication	4	OK pour toutes fonctions
02	6	Ext. optimization	4	OK pour toutes fonctions
02	7	Fabrication	3	OK pour calcul des coûts
02	8	Ext. optimization	3	OK pour calcul des coûts
02	9	Fabrication	5	Released (general) No ALE
02	10	Ext. optimization	5	Released (general) No ALE
02	11	Fabrication	5	Released (general) No ALE
02	12	Ext. optimization	5	Released (general) No ALE

Figure 6.45 : Transaction OPJF

6.2.15 Commande de reprise OKKM

Il est ici possible de paramétrer la stratégie du CCR partiel. L'objectif étant un gain de performance, il suffit de demander au système d'utiliser des données déjà calculées plutôt que de les recalculer systématiquement.

Pour un article fabriqué ❶, il faudra indiquer au système s'il doit calculer le coût des composants de la nomenclature ou utiliser plutôt un coût de revient existant et si oui lequel, comme indiqué Figure 6.46.

Pour un article provenant d'une autre division ❷, il s'agira d'indiquer au système s'il doit recalculer le coût de revient de l'article dans la division d'origine ou utiliser plutôt un coût de revient existant et si oui lequel, comme vous pouvez le voir Figure 6.47.

Il est possible de paramétrer plusieurs séquences. L'ordre de classement indiquera l'ordre suivant lequel le système doit exécuter chaque séquence.

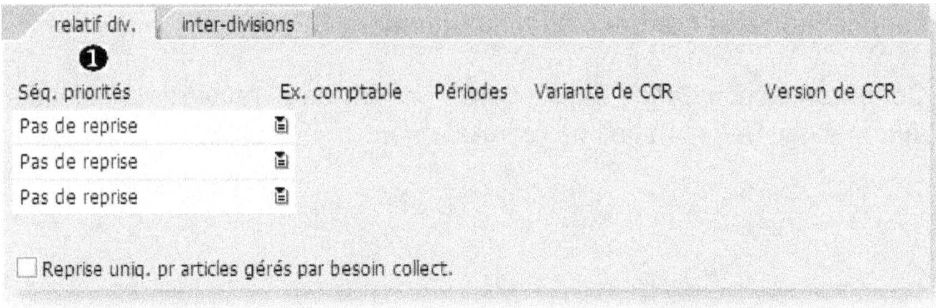

Figure 6.46 : Transaction OKKM : Onglet Relatif à la division

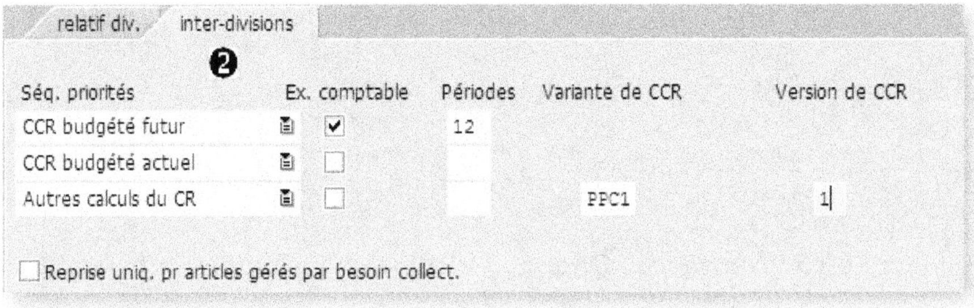

Figure 6.47 : Transaction OKKM : Onglet Inter-divisions

6.2.16 Variante de référence OKYC

À l'aide de cette transaction, nous pouvons établir des CCR d'articles individuels ou des cycles de CCR sur la même structure de quantités afin d'améliorer les performances du système.

7 Exemple de paramétrage

En terme de paramétrage, il est important de comprendre la logique du système, mais il est également primordial de s'entrainer dans un environnement de test. Le paramétrage du système peut se comparer à l'apprentissage d'une langue étrangère. Une langue peut s'apprendre de manières différentes, mais le véritable test est lorsque l'on arrive dans le pays et que l'on est confronté à la population locale. Avec SAP, le véritable test survient lorsque l'on a accès au système et que l'on commence à paramétrer. Il ne faut donc pas hésiter à s'entrainer au préalable dans un environnement de test.

À cette fin, un scénario imaginaire vous est présenté qu'il faudra essayer de paramétrer.

7.1 Première consigne

L'une des divisions de la société pour laquelle je travaille me demande de pouvoir valoriser ses articles différemment du reste de l'entreprise. Les points importants à respecter sont les suivants :

Les articles fabriqués pourront avoir jusqu'à quatre activités internes. Les coûts additionnels de frais généraux seront également au nombre de quatre et directement liés aux quatre activités internes.

Les achats effectués à l'extérieur de l'organisation devront être valorisés suivant cet ordre :

- ▶ Prix budgété ;
- ▶ Prix issu de la fiche infos-achats. En priorité le prix brut.

La division souhaite :

- ▶ effectuer une revalorisation de ses articles à chaque période et contrôler le résultat quelques jours avant le début de la période ;

▶ recalculer le coût de l'ensemble des composants à chaque période.

Les éléments de coûts seront au nombre de trois :

▶ Élément 1 : coût des articles.

▶ Élément 2 : coûts additionnels de frais généraux.

▶ Élément 3 : coût des activités internes.

Pour effectuer ce paramétrage, il me faut suivre les étapes étudiées lors des chapitres qui y sont consacrés (voir Chapitres 6.1 et 6.2).

Je vais commencer par créer un nouveau *schéma de calcul* pour les articles fabriqués (voir Chapitre 2.6). Pour cela, il va me falloir au préalable définir les *déchargements* (voir Chapitre 6.1.3), les *bases de calcul* (voir Chapitre 6.1.4) et les *coûts additionnels en pourcentage* (voir Chapitre 6.1.5).

Je définirai ensuite le *schéma des éléments de coûts* (voir Chapitre 6.2.8).

Pour finir, je paramètrerai la nouvelle *variante de calcul du coût de revient* (voir Chapitre 6.2.1). Pour cela, il va me falloir définir au préalable les *types de calcul du coût de revient* (voir Chapitre 6.2.11), la *variante de valorisation* (voir Chapitre 6.2.12), la *gestion des délais* (voir Chapitre 6.2.13), l'*éclatement de la structure de quantités* (voir Chapitre 6.2.14), la *stratégie de reprise* (voir Chapitre 6.2.15) et, pour finir, définir le *schéma des éléments de coûts* (voir Chapitre 6.2.8).

7.1.1 Étape 1

Dans cette étape, je vais paramétrer un nouveau schéma de calcul pour les articles fabriqués.

Transaction KA06

Cette transaction, présentée Figure 7.1, me permet de créer quatre nouvelles natures comptables.

	Nat.compt.	Désignation	Cat. NC	Ctre coûts	Description
	64551941	coûts add. sur SETUP	41	7090001	coûts add. sur SETUP
	64552941	coûts add.sur MACHHR	41	7090001	coûts add.sur MACHHR
	64553941	coûts add.sur DIRLAB	41	7090001	coûts add. sur DIRLAB
	64554941	coûts add. sur SETOH	41	7090001	coûts add. sur SETOH

Périmètre analytique CA01
Date 01/01/2015 jusq. 12/31/2025
Nat. cpt. 64551941 jusq. 64554941

Figure 7.1 : Transaction KA06

Transaction KZE2

À l'aide de cette transaction que l'on peut voir Figure 7.2, je pourrai définir les déchargements.

Comme il m'a été demandé de créer quatre catégories de frais additionnels de frais généraux, je crée donc quatre centres de déchargement ayant chacun une nature comptable différente mais le même centre de coûts. La division souhaite en effet centraliser tous les coûts de fabrication dans un seul centre de coûts.

Périmètre analytique CA01
Date 01/01/2015 jusq. 12/31/2025
Nat. cpt. 64551941 jusq. 64554941

	Nat.compt.	Désignation	Cat. NC	Ctre coûts	Description
	64551941	coûts add. sur SETUP	41	7090001	coûts add. sur SETUP
	64552941	coûts add.sur MACHHR	41	7090001	coûts add.sur MACHHR
	64553941	coûts add.sur DIRLAB	41	7090001	coûts add. sur DIRLAB
	64554941	coûts add. sur SETOH	41	7090001	coûts add. sur SETOH

Figure 7.2 : Transaction KZE2

Transaction KZB2

La transaction ci-après, Figure 7.3, sert à définir les bases de calcul.

Comme il m'a été demandé de créer quatre catégories de frais additionnels de frais généraux qui seront liées aux quatre catégories des activités internes, je vais donc créer quatre bases. Chacune d'entre elles servira de base unique pour une catégorie de coûts de frais généraux. J'utilise une nature comptable pour chaque base. Comme je n'ai besoin que d'une nature comptable par base, il n'est pas nécessaire d'indiquer un groupe de nature comptable. La division ne m'a pas demandé d'appliquer de filtre sur les groupes d'origine.

Synthèse: bases de calcul

Base	PéAn	De la N.C.	A la N.C.	Groupe NC	De l'orig.	A l'orig.
ZDL1	CA01	64850043	64850043			
ZDL2	CA01	64250043	64250043			
ZDL3	CA01	64200043	64200043			
ZDL4	CA01	64900043	64900043			

Figure 7.3 : Transaction KZB2

Transaction KZZ2

Cette transaction visible Figure 7.4 et Figure 7.5 me permet de définir les coûts additionnels en pourcentage.

Durant cette étape, je crée les quatre coûts additionnels demandés par la division. Je choisis d'utiliser la dépendance D020, ce qui permet de n'avoir qu'un pourcentage par coût additionnel. J'entre les pourcentages au niveau du type de coût analytique 2 afin de m'en servir lors des calculs de coût de revient que j'effectuerai par la suite et vérifierai ainsi si mon paramétrage est correct. Lorsque je réaliserai des tests sur les ordres de fabrication, il faudra que j'entre ces mêmes pourcentages au niveau du type de coût analytique 1.

Pourcent. de coûts add.

Ct addit.	Désignation	Dépendance	Désignation
ZD01	Coût additionnel 01	D020	Type de majoration /division
ZD02	Coût additionnel 02	D020	Type de majoration /division
ZD03	Coût additionnel 03	D020	Type de majoration /division
ZD04	Coût additionnel 04	D020	Type de majoration /division

Figure 7.4 : Transaction KZZ2

Synthèse: taux de coûts additionnels

Coût additionnel   ZD01   Coût additionnel 01
Dépendance   D020   Type de majoration /division

Début	Fin valid.	Périm. ana.	Ty ct add.	Division	Pourcentag
01/01/2016	01/01/2018	CA01	2	2021	25.000 %

Figure 7.5 : Transaction KZZ2 : Pourcentages

Transaction KZS2

À l'aide de cette transaction, je pourrai définir le schéma de calcul, tel qu'on peut le voir Figure 7.6.

Comme aux étapes précédentes, j'ai paramétré les différents composants et je peux maintenant paramétrer le schéma lui-même. Ce schéma est très simple puisqu'il ne comporte que quatre coûts additionnels et quatre bases, d'après ce qui m'a été demandé. Comme le montre le schéma, chaque coût additionnel utilisera une seule base. Le coût additionnel ❶ ZD01 utilisera la base de la ligne 10 ❷ ZDL1 ; le coût additionnel ❸ ZD02 celle de la ligne 20 ❹ ZDL2 ; etc.

Désignations temporaires

Durant cette phase de test, j'utilise des désignations temporaires. Lorsque j'aurai validé le paramétrage avec la division, il sera alors temps de paramétrer des désignations conformément aux consignes reçues.

| Schéma | ZDL | Schéma DL1 | | ᠪ Contrôler | ⊞ Liste |

Lignes du schéma de calcul

Ligne	Base	Ct additi.	Désignation	par	à ligne	Déchargem.
10	ZDL1	❷	Activité interne 01	0	0	
20	ZDL2	❹	Activité interne 02	0	0	
30	ZDL3		Activité interne 03	0	0	
40	ZDL4		Activité interne 04	0	0	
50		ZD01 ❶	Coût additionnel 01	10	10	ZD1
60		ZD02 ❸	Coût additionnel 02	20	20	ZD2
70		ZD03	Coût additionnel 03	30	30	ZD3
80		ZD04	Coût additionnel 04	40	40	ZD4

Figure 7.6 : Transaction KZS2

7.1.2 Étape 2

Dans cette étape, je paramètrerai le schéma des éléments de coûts.

Transaction OKTZ

Cette transaction me permet de définir le schéma des éléments de coûts.

Je commence en paramétrant un nouveau schéma, le SCHÉMA DL, qui est activé pour devenir le schéma principal de la société, comme sur la Figure 7.7.

Schéma élts cts	Actif(ve)	Ventil. cts primaires	Désignation
01	☐	☐	Schéma modèle
Z1	☑	☐	Schéma de l'organisaion
ZD	☑	☐	Schéma DL

Figure 7.7 : Transaction OKTZ Schéma DL

Je ne paramètre que trois éléments de coûts pour ce schéma, comme vous pouvez le voir Figure 7.8.

Schéma élts cts	Elément	Désignation élément
ZD	1	Coût des articles
ZD	2	Coût des f.généraux
ZD	3	Coût des a.internes

Figure 7.8 : Transaction OKTZ : Éléments de coûts

J'affecte à ce schéma les intervalles d'éléments des natures comptables, comme ci-après, Figure 7.9.

Schéma élts cts	Plan comptable	De nat.com.	Groupe origine	A la nat.cpt.	Elément	Désignation élément
ZD	COAO	64100001		64150004	1	Coût des articles
ZD	COAO	64200043		64200043	3	Coût des a.internes
ZD	COAO	64250043		64250043	3	Coût des a.internes
ZD	COAO	64551941		64554941	2	Coût des f.généraux
ZD	COAO	64850043		64850043	3	Coût des a.internes
ZD	COAO	64900043		64900043	3	Coût des a.internes

Figure 7.9 : Transaction OKTZ : Intervalles d'éléments des NC

Je mets également à jour le schéma de l'organisation. La société 721 est la division de la société qui me demande ce nouveau paramétrage. Cela signifie que ce schéma de coûts, le SCHÉMA DL, ne sera opérationnel que pour les divisions de la société 721, comme illustré Figure 7.10.

Société	Div.	Varian.	Valide du	Sché.	Désignation
++++	++++	++++	01/01/1900	Z1	Schéma de l'organisaion
++++	++++	PS06	01/01/2000	01	Schéma modèle
721	++++	++++	01/01/2016	2D	Schéma DL

Figure 7.10 : Transaction OKTZ : Schéma de l'organisation

7.1.3   Étape 3

Après avoir effectué les deux étapes préparatoires, il est maintenant temps de paramétrer la variante de CCR.

Transaction OKKI

À l'aide de cette transaction, je pourrai définir le type de calcul du coût de revient.

Durant cette étape, j'indique au système de mettre à jour la zone ❶ MISE À JOUR PRIX et la zone ❷ VUE VALORISAT., comme sur la Figure 7.11.

Figure 7.11 : Transaction OKKI: Onglet Mise à jour

J'indique également au système d'effectuer la mise à jour en début de période. Étant donné que je veux utiliser ce paramétrage pour le calcul du coût de revient budgété, cela me permet d'être certain de pouvoir reprendre les résultats du CCR budgété comme prix standard pour cette période, tel qu'on peut le voir Figure 7.12.

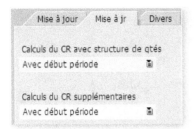

Figure 7.12 : Transaction OKKI : Onglet Mise à jr

Transaction OKK4

Cette transaction me permet de définir la variante de valorisation.

Paramétrage de la transaction OKK4

 Pour tester les souhaits de la division, je ne vais pas paramétrer l'ensemble des onglets de cette transaction, mais je me concentrerai sur ceux qui me permettront de répondre à leurs consignes.

▶ Onglet « Valorisation article »

L'onglet présenté Figure 7.13 me permettra de répondre à la demande de la division concernant les articles achetés à l'extérieur. La demande initiale était que le système prenne comme prix celui entré dans la zone PRIX BUDGÉTÉ 2 de la fiche article (voir Figure 2.9). Si cette zone est vide, le système prendra en priorité le prix brut de la fiche infos-achats.

Ne souhaitant pas que les coûts additionnels soient inclus, je n'active donc pas ces zones ❶.

▶ Onglet « Types activ./processus »

L'onglet montré Figure 7.14 est tout aussi important. Il sert à la valorisation des articles fabriqués et indique au système comment valoriser les activités internes. Je prends ici le prix budgété de la période qui sera entré à l'aide de la transaction KP26 (voir Chapitre 2.5).

176

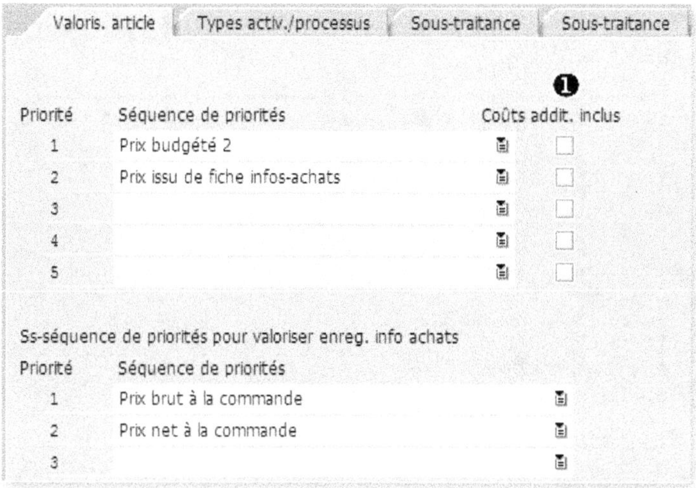

Figure 7.13 : Transaction OKK4 : Onglet Valorisation article

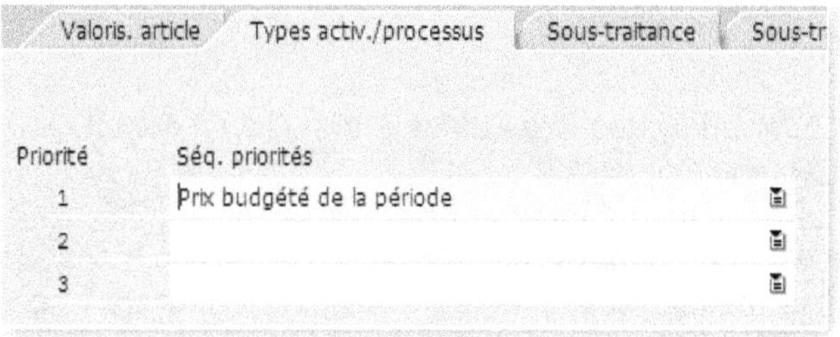

Figure 7.14 : Transaction OKK4 : Onglet Types activ./processus

▶ Onglet « Frais généraux »

Cet onglet, illustré Figure 7.15, me permettra d'indiquer au système le schéma que je veux utiliser pour calculer les frais additionnels de frais généraux. Je me servirai donc du nouveau schéma que je viens de paramétrer pour effectuer la valorisation des articles fabriqués.

N'ayant pas paramétré de schéma pour les articles achetés, je considèrerai donc, pour les besoins de notre test, que cela n'est pas nécessaire.

Dans sa consigne, la division n'a pas fait état d'articles sous-traités. Je ne paramètrerai donc pas ces deux onglets pour le moment.

177

Il est à noter qu'il est toujours possible de modifier par la suite le paramétrage effectué.

Figure 7.15 : Transaction OKK4 : Onglet Frais généraux

Transaction OKK6

Comme vous pouvez le voir Figure 7.16, cette transaction sert à définir la gestion des délais.

Elle permettra d'indiquer au système les dates à prendre en compte lors de la création du CCR (voir Chapitre 4.2.2).

La division souhaite effectuer une revalorisation de ses articles à chaque période et contrôler le résultat quelques jours avant le début de la période. J'indique donc au système de valoriser les articles uniquement pour la période suivante.

Je valide également les zones de saisie manuelle pour ne pas être trop restrictif. L'utilisateur aura ainsi la possibilité de changer manuellement les dates, s'il le désire.

Date	Saisie manuelle	Valeur défaut
De la date de calcul	✔	Date de début de la période comptable suivante
A la date de calcul	✔	Date de fin de la période comptable suivante
Date d'éclatement	✔	Date de début de la période comptable suivante
Date valorisation	✔	Date de début de la période comptable suivante

Figure 7.16 : Transaction OKK6

Transaction OKK5

Cette transaction me permet de définir l'éclatement de la structure de quantités.

▶ Onglet « Nomenclature »

Étant donné que je souhaite calculer le coût de revient des articles, j'indique cette option au système, comme sur la Figure 7.17. Je lui demande également d'arrondir les unités.

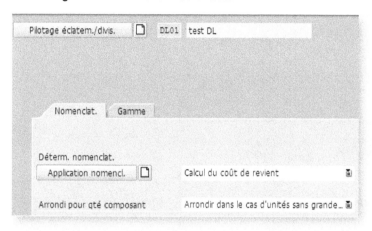

Figure 7.17 : Transaction OKK5 : Onglet Nomenclature

▶ Onglet « Gamme »

Pour la gamme de fabrication, n'ayant pas de consigne spécifique sur l'ordre de sélection des gammes, je me sers d'un paramétrage classique, identique au paramétrage par défaut fourni par SAP, tel qu'on peut le voir Figure 7.18.

Figure 7.18 : Transaction OKK5 : Onglet Gamme

Transaction OKKM

À l'aide de cette transaction, présentée Figure 7.19, il est possible de définir la stratégie de reprise.

Comme la division souhaite recalculer le coût de l'ensemble des composants à chaque période, j'indique au système qu'il n'y aura pas de reprise des coûts précédemment calculés. Cela signifie que le système recalculera l'ensemble des coûts durant chaque valorisation.

relatif div.	inter-divisions	
Séq. priorités	**Ex. comptable**	**Périodes**
Pas de reprise	🔲	
Pas de reprise	🔲	
Pas de reprise	🔲	

☐ Reprise uniq. pr articles gérés par besoin collect.

Figure 7.19 : Transaction OKKM

Transaction OKKN

Cette transaction permet de définir la variante de calcul du coût de revient.

Nous y retrouvons des liens vers les transactions que je viens de paramétrer, dans les onglets PILOTAGE (Figure 7.20) et AFFECTATION (Figure 7.21).

Figure 7.20 : Transaction OKKN : Onglet Pilotage

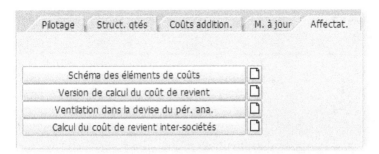

Figure 7.21 : Transaction OKKN : Onglet Affectation

▶ Onglet « Structure de quantités »

En paramétrant cet onglet, visible Figure 7.22, je ne choisis pas l'option d'activer le pilotage de reprise gérable. Cela signifie que, lors de la valorisation, je ne pourrai pas modifier la commande de reprise paramétrée. J'ai choisi de ne pas sélectionner cette zone, la division voulant recalculer l'ensemble de ses composants à chaque valorisation. Étant donné que j'ai déjà effectué ce paramétrage à l'aide de la transaction OKKM, je cherche à ce que celui-ci soit sélectionné par défaut.

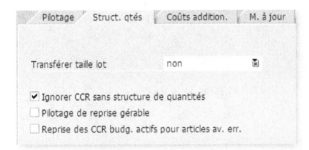

Figure 7.22 : Transaction OKKN : Onglet Structure de quantités

▶ Onglet « Coûts additionnels »

Lors du paramétrage de cet onglet que l'on peut voir Figure 7.23, je choisis l'option d'ignorer les coûts additionnels.

181

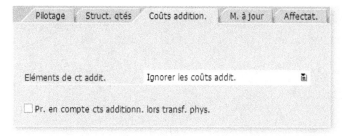

Figure 7.23 : Transaction OKKN : Onglet Coûts additionnels

▶ Onglet « Mise à jour »

Comme vous pouvez le voir Figure 7.24, lors du paramétrage de cet onglet, j'indique au système de tout enregistrer.

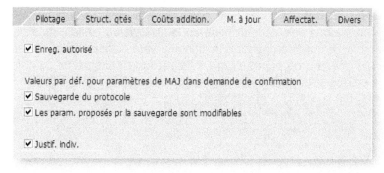

Figure 7.24 : Transaction OKKN : Onglet M. à jour

7.1.4 Phase de test

Une fois que le paramétrage a été effectué, il est temps de passer à la phase de test pour vérifier la cohérence du travail effectué.

Je vais choisir de valoriser un article fabriqué. En théorie, étant donné le paramétrage effectué au sein de la transaction OKKM (voir Chapitre 7.1.3), le système devrait valoriser également ses composants.

Transaction CK11N

Lorsque je sélectionne la variante de CCR ZDL1 paramétrée avec la transaction OKKN comme sur la Figure 7.25, je peux voir que la commande de reprise est DL01 que j'ai paramétrée avec la transaction OKK5 (voir Chapitre 7.1.3). La zone est grise, ce qui signifie qu'elle ne peut pas être modifiée. Ceci est dû au fait que je n'ai pas activé la zone PILO-TAGE DE REPRISE GÉRABLE dans l'onglet STRUCT. QTÉS de la transaction OKKN (voir Chapitre 7.1.3).

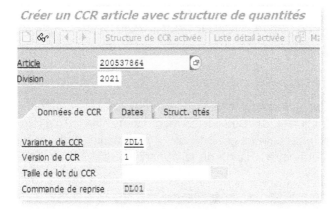

Figure 7.25 : Transaction CK11N : Onglet Données de CCR

J'effectue ce test en octobre 2016. Sur la Figure 7.26, je peux voir que le système me propose les dates du mois de novembre 2016 et que je peux les modifier si tel est mon souhait. Ce sera le cas étant donné que, via la transaction OKK6 (voir Chapitre 7.1.3), j'ai demandé au système à ce qu'il me propose les dates de la période suivante et que celles-ci soient modifiables par l'utilisateur. Il est à noter que le système que j'utilise est paramétré de la sorte : 1 mois = 1 période.

Données de CCR	Dates	Struct. qtés
De la date de calcul	11/01/2016	
A la date de calcul	11/30/2016	
Date d'éclatement	11/01/2016	
Date valorisation	11/01/2016	

Figure 7.26 : Transaction CK11N : Onglet Dates

Une fois la transaction effectuée, je peux voir que le calcul est correct, comme vous pouvez le constater Figure 7.27.

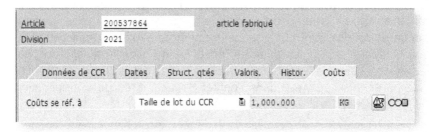

Figure 7.27 : Transaction CK11N : Calcul effectué sans erreur

Vue « Justificatif »

La division voulait jusqu'à quatre coûts additionnels de frais généraux, ce qui est illustré Figure 7.28. Ceux-ci correspondent bien aux quatre natures comptables paramétrées à l'aide de la transaction KA06 et au schéma de calcul paramétré à l'aide de la transaction KZS2 (voir Chapitre 7.1.3).

Justification de l'art. 200537864 dans div. 2021

N°	Ressource			Ressource (texte)	Σ	Valeur globale	Devise	Quantité	Ut
5	2021 300155875			composant 01		87.77	EUR	35.106	KG
6	2021 300113945			composant 02		1,508.90	EUR	1,005.930	KG
7	2021 300113956			composant 03		114.97	EUR	22.766	KG
Article					=	**1,711.64**	**EUR**		
8	7090001 64551941			coûts add. sur SETUP		12.50	EUR		
9	7090001 64552941			coûts add.sur MACHHR		6.71	EUR		
10	7090001 64553941			coûts add.sur DIRLAB		15.96	EUR		
11	7090001 64554941			coûts add. sur SETOH		1.58	EUR		
Coût additionnel de frais généraux					=	**36.75**	**EUR**		
1	7210191	EXCP01	SETUP	BLEND		50.00	EUR	2.0	H...
2	7210191	EXCP01	MACH...	BLEND		33.54	EUR	4.256	H...
3	7210191	EXCP01	DIRLAB	BLEND		106.40	EUR	4.256	H...
4	7210191	EXCP01	SETOH	BLEND		15.76	EUR	2.0	H...
Activité interne					=	**205.70**	**EUR**		
					= =	**1,954.09**	**EUR**		

Figure 7.28 : Transaction CK11N : Vue Justificatif

Lorsque je sauvegarde le résultat de mon calcul, le système m'indique que le justificatif individuel et le protocole sont sauvegardés par le système (Figure 7.29), ce qui correspond bien au paramétrage effectué dans la transaction OKKN de l'onglet MISE À JOUR (voir Chapitre 7.1.3).

Figure 7.29 : Transaction CK11N : Paramètres de mise à jour

Vue « Afficher éléments »

La division voulait trois éléments de coûts. Les éléments de coûts correspondent bien à ceux paramétrés à l'aide de la transaction OKTZ, ce que l'on peut voir Figure 7.30

El..	Désignation élément	Σ	Totalité	Σ	Fixe	Σ	Variable	Devise
1	Coût des articles		1,711.64				1,711.64	EUR
2	Coût des f.généraux		36.75				36.75	EUR
3	Coût des a.internes		205.70				205.70	EUR
		≡	1,954.09		≡		1,954.09	EUR

Article 200537864 article fabriqué
Division 2021

Données de CCR Dates Struct. qtés Valoris. Histor. Coûts

Coûts se réf. à   Taille de lot du CCR   1,000.000   KG

Éléments de coûts de l'art. 200537864 ds div. 2021

Figure 7.30 : Transaction CK11N : Vue Afficher éléments

Il me faut maintenant vérifier la valorisation des matières achetées à l'extérieur. Je m'aperçois que l'un des trois composants a été valorisé avec une fiche infos-achats, comme sur la Figure 7.31, zone ❷. Pour rappel, la division avait demandé à ce que les achats effectués à l'extérieur de l'organisation soient valorisés suivant cet ordre :

▶ Prix budgété 2 ;

▶ Prix issu de la fiche infos-achat. En priorité le prix brut.

Il s'agit bien du paramétrage que j'ai effectué à l'aide de la transaction OKKM dans l'onglet Valorisation de l'article (voir Chapitre 7.1.3).

Coût de production

N°Pos	Ressource	Totalité	Dev.P	Quantité	Ut	Infos-ach.
5	2021 300155875	❶ 87.77	EUR	35.106	KG	
6	2021 300113945	1,508.90	EUR	1,005.930	KG	
7	2021 300113956	❷ 114.97	EUR	22.766	KG	5300252994
* Article		1,711.64	EUR			

Figure 7.31 : Transaction CK11N : Vue Justificatif

Le premier composant a un prix budg. 2 de 2 500 € pour 1 000 KG, comme montré Figure 7.32.

```
Vérification du calcul = 2 500 € / 1 000 KG × 35,106 KG
                       = 87,77 € ❶
```

Nous avons la confirmation que le système a utilisé le prix entré dans la zone de prix budgété 2 comme indiqué par le paramétrage.

Figure 7.32 : Fiche article : Vue CCR 2 : Composant 01

Comme vous pouvez le voir Figure 7.33, le troisième composant a été valorisé via la fiche infos-achats, ce qui correspond au paramétrage effectué lorsque la zone de prix budgété 2 ne contient pas de prix valable.

Figure 7.33 : Fiche article : Vue CCR 2 : Composant 03

Les conditions de la fiche infos-achats sont de 5,05 € par KG, comme illustré Figure 7.34.

```
Vérification du calcul : 5,05 € × 22,766 KG = 114,97 € ❷
```

Infos-achats	5300252994				
Fournisseur	33				
Article	300113956				
Grpe marchand.	X01000				
Organis. achats	2020				
Conditions					
Prix net		5.05 EUR	/ 1	KG	Fin de validité	12/31/9999
Prix réel		5.05 EUR	/ 1	KG	Pas d'escompte
Conv. qtés	1 KG <-> 1	KG			Grpe cond.
Type date prix	Pas de pilotage				
Incoterms					

Figure 7.34 : Fiche infos-achat

Les contrôles réalisés nous confirment que le paramétrage effectué correspond à la demande de la division.

7.2 Deuxième consigne

Après démonstration faite à la division, une nouvelle consigne a été for-
mulée. La division se procurant également des articles d'une autre division, il faudra donc paramétrer un schéma de transfert à l'aide de la
transaction OKTZ.

7.2.1 Transaction OKTZ

Cette transaction me permet de paramétrer le schéma de transfert, tel
qu'il est présenté Figure 7.35.

La structure générale de l'organisation est plus complexe que celle demandée par la division. Il va donc falloir relier les vingt éléments sources
vers les trois éléments de la division déjà paramétrés.

Sch. d'élém. source	Elém. source	Sch. d'élém. cible	Elém. cible
Z1	3	ZD	3
Z1	4	ZD	3
Z1	5	ZD	3
Z1	6	ZD	3
Z1	7	ZD	2
Z1	8	ZD	2
Z1	9	ZD	2
Z1	10	ZD	2
Z1	11	ZD	2
Z1	12	ZD	2
Z1	13	ZD	2
Z1	14	ZD	2
Z1	15	ZD	2
Z1	16	ZD	3
Z1	17	ZD	2
Z1	18	ZD	2
Z1	19	ZD	2
Z1	20	ZD	2

Figure 7.35 : Transaction OKTZ : Schéma de transfert

Réactivation du schéma de transfert

Après chaque modification dans la transaction, il faut
penser à réactiver les schémas, comme sur la Figure
7.36.

188

Schéma élts cts	Actif(ve)	Ventil. cts primaires	Désignation
01	☐	☐	Schéma modèle
Z1	☑	☐	Schéma de l'organisaion
ZD	☑	☐	Schéma DL

Figure 7.36 : Transaction OKTZ : Activation des Schémas

7.2.2 Phase de test

Il est maintenant temps de réaliser un nouveau test pour vérifier les modifications effectuées au niveau du paramétrage.

Pour cela, il faut modifier la fiche article de l'un des composants pour indiquer qu'il ne provient pas d'un fournisseur extérieur à la société mais d'une autre division ❶, comme ci-après, Figure 7.37.

Figure 7.37 : Fiche article : Onglet CCR 1

Le composant a été valorisé correctement en prenant en compte l'information modifiée dans la fiche article. Comme vous pouvez le voir Figure 7.38, la vue JUSTIFICATIF du CCR nous indique que la division

2041 ❶ est la division source dont le système s'est servi pour effectuer la valorisation de cet article.

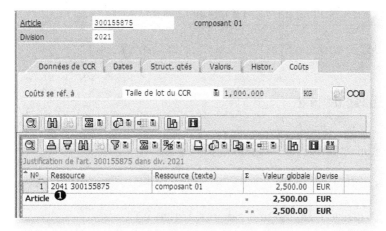

Figure 7.38 : Transaction CK11N : Vue Justificatif

La vue des éléments a été également mise à jour correctement, ce que l'on peut constater Figure 7.39.

El..	Désignation élément	Σ	Totalité	Σ	Fixe	Σ	Variable	Devise
1	Coût des articles		2,500.00				2,500.00	EUR
2	Coût des f.généraux							EUR
3	Coût des a.internes							EUR
		▪	2,500.00			▪	2,500.00	EUR

Figure 7.39 : Transaction CK11N : Vue Éléments

Dans ce chapitre, vous avez pu observer grâce à des exemples concrets la manière de paramétrer le système afin de répondre aux attentes des utilisateurs. Vous avez également vu comment réaliser des tests et vérifier que le paramétrage effectué fonctionne comme prévu.

ESPRESSO TUTORIALS

Vous venez de finir ce livre.

A À propos de l'auteur

J'ai commencé ma vie professionnelle comme comptable, puis responsable comptable, principalement dans le secteur industriel jusqu'au jour où l'entreprise qui m'employait a décidé d'installer SAP. Il m'a été proposé de faire partie de ce projet en tant que fonctionnel pour la partie FI CO. J'ai par la suite changé de société pour rester dans le domaine des projets informatiques que je trouvais stimulant. C'est ainsi que j'ai passé ces quinze dernières années à implémenter SAP dans le cadre de projets internationaux toujours dans le domaine qui nous intéresse, le calcul du coût de revient des produits. Entre deux grands projets (le transfert d'une activité d'un système non SAP vers un système SAP), j'occupe le poste de chef de projet sur des petits ou moyens projets visant à améliorer le système dans le domaine du calcul des coûts de revient et, plus globalement, du module CO. J'agis également en tant que référent au sein de mon entreprise actuelle pour toute question concernant la valorisation des coûts de revient et des écarts de fabrication.

Ces projets m'ont conduit en Europe (Italie, Royaume-Uni, Espagne, Pays-Bas, Allemagne, Suisse, République tchèque, Hongrie, Pologne, Ukraine, Russie), Amérique du Nord (États-Unis, Canada), Amérique Latine (Argentine, Brésil, Chili) et Amérique centrale (Mexique). Au cours de ces projets, j'ai eu l'occasion d'implémenter SAP pour des unités de fabrication et/ou d'assemblage. Certaines de ces unités ont été paramétrées dans SAP afin d'exécuter une production par ordre de fabrication ou suivant la méthode dite répétitive, ou encore pour une fabrication basée sur les commandes clients.

B Index

A

Affectation 153, 154

Affectation unités d'organisation 156

Analyse des nouveaux CCR 114

Analyze des messages d'erreurs 115

Approvisionnement spécial 18, 27, 72

Article acheté 81, 94

Article fabriqué 61, 94, 95, 167

Article provenant d'une autre division 74, 95, 167

Article sous-traité 71

Autres coûts additionnels 55

Avec structure de quantités 29, 150

B

Base 68

Base de calcul 139

Base de prix 34, 56

Bouton Autor Repérage 101

Bouton Repérage/Validation 102

C

Calcul du CR 48, 85, 108, 111

Catégorie 55

CCR inter-sociétés 158

Centre de coûts 48

Classe valorisation 33, 134

Clé additionnelle 54

Clé de commande 42

Clé de référence 42

Clé de rendement 47

Clé valeur standard 47

Code approvisionnement 19

Code CCR 40, 45, 62

Code d'approvisionnement spécial 20

Code de version 23, 98

Code prix 34, 35

Commande de reprise 95, 167

Compréhension des messages d'erreur 119

Consultation des erreurs 113

Co-produit 21, 39

Coût additionnel budgété 53, 143

Coût additionnel des frais généraux 50

Coût additionnel réel 53, 143

Coût de l'article manufacturé 11

Coût des activités internes 50, 62, 65

Coût des articles achetés à un fournisseur extérieur 11, 81

Coût des articles en provenance d'une autre division 74

Coût des articles sous-traités 11, 71

Coût des composants 61, 64, 71

Coût du produit en provenance
d'une autre division 11
Coût du service de sous-
traitance 71
Coûts additionnels 139, 151
Coûts additionnels de frais
généraux 63, 67
Cycle de CCR 104

D

Date d'éclatement 96
Date de valorisation 96
Date prix budgété.1 33
Dates 96, 106
Déroulement du cycle de CCR
107
Détermination des quantités
110, 165
Divers 153, 160, 164
Données de CCR 94, 105, 107
Données générales 44

E

Écart résiduel 129
Écart résiduel sur entrées 127
Écart sur prix de cession 127
Écart sur quantités utilisées
126
Écart sur taille de lot 128
Écarts de fabrication 121
Écritures comptables 129
Élément de coût 56
Éléments avec attributs 154
Éléments de coûts 154
Éléments de ct addit. 151
Entête de la nomenclature 36
Étapes de validations du CR 85
EXIT_SAPLKKEX_001 22

F

Fabricat. répétitive 24
Fiche article 15
Fiche données de base 38
Fiche infos-achats 57
Formules du poste de travail 49
Fourchette de date de calcul 96
Fourchette de validité 52
Frais généraux 163

G

Gamme de fabrication 41
Gestion des valeurs standard
46
Groupe d'éléments 156
Groupe d'origine 26, 137, 141
Groupe de frais généraux 26,
78

I

Ignorer CCR sans structure de
quantités 149

L

Lancement du coût de revient
89

M

Marchandise en vrac 21, 41, 62
Méthode basée sur des
pourcentages 52
Méthode basée sur un prix fixe
en fonction d'une quantité 53
Mise à jour des coûts
additionnels 155
Module 138

N

Nature comptable 56
Nature comptable primaire 138
Nature comptable secondaire 138
Natures comptables de déchargement 139
Nombre de salariés 44
Nomenclature 35, 165
Numéro d'article 16

O

Onglet Gamme 166
Onglet M à jour 152
Onglet Mise à jour 158
Onglet Mise à jr 159
Onglet Pilotage 148
Onglet Structure des quantités 97
Onglet Valorisation 106
Onglets d'information générale 98
Options de base 137
Ordre de fabrication 121
Origine article 29
Ouverture des périodes 91

P

Paramétrage du CCR 137
Pas de CCR 25
Périmètre analytique 53
Pilotage de reprise gérable 150
Pilotage des dates 164
Poste de travail 45
Poste de travail / division 42
Pr.en compte cts addition. Lors transf.phys 152
Prélèvement rétroactif 20, 40

Prix moyen pondéré 11, 34, 35
Prix standard 11, 34, 35
Profil fabric. répét 25
Protocole d'erreurs 85, 115

Q

Quantité 38
Quantité de base 36, 43
Quantité fixe 38
Quantité livrée 121
Quantité totale 121

R

Rebut de l'opération 38
Rebut du composant 38
Rebut en % 44
Règle de saisie 47
Repérage du coût de revient 87, 114
Reprise des CCR budg. actifs pour articles av. err. 150

S

Sans structure de quantités 147
Schéma de transfer 155
Schéma des éléments de coûts 50, 56, 146, 154
Sélection 108
Sortie rétroactive 46
source bloqué 58
Sous-traitance 162
Sous-traitance 2 162
Statut article par division 26, 93
Statut de calcul du CR 86
Statut LIVR 122
Statut TCLO 122
statuts de la fiche article 92

Stratégie de conversion des devises 75
Stratégie de reprise du coût 74
Structure de quantités 147, 149

T

Taille du lot du CCR 30, 38, 62, 95
Taux de coût additionnels 67
Temps de fabrication fixe 65
Temps des activités internes 66
Temps machine 65
Transaction CA03 41
Transaction CK11N 61, 85, 86, 87, 93, 183
Transaction CK13N 86
Transaction CK24 87, 88, 89, 101
Transaction CK40N 93, 104
Transaction CK74 56
Transaction CK74N 55, 56
Transaction CK82 86
Transaction CO11N 122
Transaction CR03 45
Transaction CS03 35
Transaction KA06 137, 170
Transaction KAH1 141
Transaction KP26 48, 50, 66
Transaction KP27 66
Transaction KZB2 141, 171
Transaction KZE2 145, 171
Transaction KZM2 54, 143
Transaction KZS2 51, 139, 173, 184
Transaction KZZ2 52, 67, 142, 172
Transaction MB1A 122
Transaction MB31 122
Transaction ME13 57

Transaction MM03 15
Transaction MM17 33
Transaction MMPV 91
Transaction MR21 35
Transaction MR22 35
Transaction OB52 91
Transaction OKK4 33, 59, 71, 161, 176
Transaction OKK5 165, 179
Transaction OKK6 164, 178, 183
Transaction OKK7 164
Transaction OKKI 158, 175
Transaction OKKM 74, 167, 180, 181, 186
Transaction OKKN 94, 97, 147, 180, 183
Transaction OKKP 157
Transaction OKOG 145
Transaction OKTZ 101, 154, 174, 185, 188
Transaction OKYC 168
Transaction OKYD 75, 157
Transaction OKYV 158
Transaction OKYW 157
Transaction OKZ1 137
Transaction OKZ2 145
Transaction OKZ4 42
Transaction OMD9 19
Transaction OMS4 27, 92
Transaction OMSK 33
Transaction OMWB 33
Transaction OP28 47
Transaction OPJF 167
Transaction OPJM 166
Transactions KGI2/CO42 122
Transactions KKS2/KKS1 122
Transactions KO88/CO88 122

Transférer la taille de lot 149
Type approvisionnement 18
Type d'articles 16
Types activité/processus 161
Types de calcul du CR 158
Types de coût additionnel 53

U

Unité de quantité 38
Unité de quantité de base 36
Unités de mesure 17
UQ de l'opération 43

V

Valeur standard par type
    d'activité 43, 44

Valeur totale 56
Validation 115
Valorisation article 161
Variante de calcul du CCR 94,
    147
Variante de référence 168
Variante de valorisation 161
Ventilation dans la dev. Pér. ana
    157
vérification par l'utilisateur 86
Version de CCR 95, 157
Vue afficher éléments 99, 100
Vue justificatif 99
Vues d'éléments 155

C Clause de non-responsabilité

Cette publication contient des références aux produits de SAP SE.

SAP, R/3, SAP NetWeaver, Duet, PartnerEdge, ByDesign, SAP BusinessObjects Explorer, StreamWork et les autres produits et services SAP mentionnés, ainsi que leurs logos respectifs, sont des marques ou marques déposées de SAP SE en Allemagne et dans d'autres pays.

Business Objects and the Business Objects logo, BusinessObjects, Crystal Reports, Crystal Decisions, Web Intelligence, Xcelsius, et les autres produits et services Business Objects mentionnés, ainsi que leurs logos respectifs, sont des marques ou marques déposées de Business Objects Software Ltd. Business Objects est une entreprise du groupe SAP.

Sybase and Adaptive Server, iAnywhere, Sybase 365, SQL Anywhere, et les autres produits et services Sybase mentionnés, ainsi que leurs logos respectifs, sont des marques ou marques déposées de Sybase, Inc. Sybase est une entreprise du groupe SAP.

SAP SE n'est ni l'auteur ni l'éditeur de cette publication, et n'est pas responsable de son contenu. Le groupe SAP ne saurait être tenu responsable d'erreurs ou omissions relatives au matériel. Les seules garanties concernant les produits et services du groupe SAP sont celles présentées dans les déclarations expresses de garantie accompagnant, le cas échéant, lesdits produits et services. Rien de ce qui est contenu dans cet ouvrage ne saurait constituer une garantie supplémentaire.

Les autres livres d'Espresso Tutorials

Sydnie McConnell, Martin Munzel :

Vos premiers pas avec SAP®

▶ Apprenez à naviguer dans SAP ERP

▶ Apprenez les bases de SAP: les transactions, entités organisationnelles, données de base

▶ Suivez des exemples simples qui vous permettront de progresser pas à pas, présentés dans les vidéos explicatives intégrées.

▶ Découvrez la gamme de produits SAP et les nouvelles tendances d'évolution.

http://5184.espresso-tutorials.com

Ann Cacciottoli

Vos premiers pas avec SAP® Finance (FI)

▶ une présentation générale des fonctionnalités essentielles de SAP Finance et de son intégration à SAP ERP

▶ un guide permettant de saisir pas à pas les transactions

▶ les capacités de reporting de SAP Finance

▶ une pédagogie pratique s'appuyant sur des exemples et intégrant des captures d'écran

http://5185.espresso-tutorials.com/

Ashish Sampat :

Vos premiers pas avec SAP® Contrôle de gestion (CO)

▶ Réalisez la budgétisation des centres de coût et des coûts de revient par produit, les flux de coûts réels.

▶ Adoptez les bonnes pratiques pour l'absorption des coûts grâce à la fonction Contrôle des coûts par produit.

▶ Effectuez les clôtures mensuelles dans SAP Contrôle de gestion.

▶ Suivez une étude de cas présentant des exemples concrets et intégrant des captures d'écran.

http://5186.espresso-tutorials.com

www.ingramcontent.com/pod-product-compliance
Lightning Source LLC
La Vergne TN
LVHW022314060326
832902LV00020B/3449